Julia Hastings

JE VEUX, J'OBTIENS

Traduction : Manuela Dumay

17 chemin des Deux Communes
1226 Thônex / Genève (Suisse)

ISBN : 2-88058-344-6

Julia Hastings

JE VEUX, J'OBTIENS

Editions Vivez Soleil

CHAPITRE PREMIER

VOUS AVEZ LE CHOIX !

Si vous lisez un livre qui ne vous plaît pas, rien ne vous oblige à le lire jusqu'au bout. Si vous êtes au cinéma et que le film vous ennuie, vous pouvez parfaitement quitter la salle avant la fin. Si vous êtes à une soirée et que l'ambiance vous déplaît, vous pouvez très bien vous éclipser de bonne heure. Si votre mode de vie ne vous convient pas, vous pouvez appliquer la même méthode et en changer. Le problème, c'est que vous pensez que non. Vous pensez que c'est comme ça, que vous n'y pouvez rien. Peut-être pensez-vous aussi qu'il est trop tard pour changer.

Mais en fait vous pouvez changer votre mode de vie quand vous le voulez, de la même manière que vous avez abandonné votre lecture, quitté la salle de cinéma ou la soirée à laquelle vous étiez invité. Vous reconnaissez que votre vie actuelle ne vous procure aucune satisfaction et vous vous autorisez à en changer. La manière la plus simple d'y parvenir, c'est de vous fabriquer des images mentales positives, procédé qu'on appelle aussi la visualisation créatrice.

UNE EXPRESSION ARTISTIQUE FAITE POUR VOUS PLAIRE

La visualisation créatrice est l'art d'utiliser son imagination pour matérialiser un désir. On peut se servir de la visualisation créatrice pour faire en sorte que quelque chose se produise, par exemple pour obtenir une promotion, remporter un contrat, avoir davantage de charme ou pour réussir enfin sa vie amoureuse. On peut aussi se servir d'images mentales positives pour éliminer de sa vie le stress, la maladie, pour se débarrasser d'un emploi qui ne nous convient plus ou de gens qui nous rendent la vie impossible. Cela vous semble probablement trop beau pour être vrai. Il n'en reste pas moins que la visualisation créatrice, ça marche !

Ainsi, pour maximiser leurs performances, les athlètes s'imaginent en train de gagner, les golfeurs visualisent un swing parfait, les basketteurs voient le ballon dans le panier. Les femmes conservent ou acquièrent un corps mince et ferme grâce à une hygiène mentale d'images positives. Les cancéreux stoppent leurs métastases en visualisant la disparition de leur tumeur. Il n'est pas jusqu'aux grands hommes d'affaires qui utilisent la visualisation créatrice avant de négocier un contrat difficile.

LE SPORT, BERCEAU DE LA VISUALISATION

C'est dans le domaine sportif que la visualisation créatrice a gagné ses lettres de noblesse, avec l'expérience que le psychologue américain, Alan Richardson, a menée sur trois groupes de basketteurs.

Il s'agissait d'évaluer le pourcentage de réussite de lancers francs des trois groupes de joueurs de la manière suivante : pendant vingt jours, le premier groupe s'est entraîné tous les jours, le deuxième groupe s'est abstenu de tout entraînement et le troisième groupe ne s'est pas entraîné non plus mais a visualisé des lancers francs.

Au terme des vingt jours, Richardson a évalué le taux de réussite des trois groupes. Le premier groupe s'était amélioré de vingt-quatre pour cent, le deuxième groupe n'avait fait aucun progrès et le troisième groupe, qui avait pratiqué la visualisation, s'était amélioré de vingt-trois pour cent. La même expérience a été réalisée avec d'autres sports de ballon et a donné les mêmes résultats.

Les sportifs se sont aperçus alors qu'en introduisant la visualisation créatrice dans leur entraînement, leurs performances s'amélioraient de façon spectaculaire. Aujourd'hui, la visualisation créatrice est de plus en plus universellement reconnue comme une clef de la réussite, non seulement dans le monde du sport mais dans tous les domaines.

VOUS VISUALISEZ DÉJÀ SANS LE SAVOIR

Le premier problème qu'on rencontre avec la visualisation créatrice, c'est qu'on pense qu'on n'y arrivera pas. Et pourtant tout le monde visualise sans le savoir. Si je vous dis que mon chat aime le poisson, vous penserez immédiatement à un chat, vous verrez mentalement un chat, même si je ne vous l'ai pas décrit. Autre exemple : ne dites-vous pas : « Je le sentais ! » lorsque quelque chose se passe comme vous l'aviez pensé ? « Ah ! je le sentais ! Je savais bien que j'en trouverais une ! » vous exclamez-vous quand une place de parking se libère un samedi après-midi en plein centre ville. Ou bien vous marmonnez : « Décidément, ce n'est pas mon jour ! » quand on vous pique une place sous le nez alors que vous tournez dans le quartier depuis un quart d'heure. Et ce même processus, ce « Je le sentais ! », ce « Je te l'avais bien dit ! », se vérifie quand vous recevez un coup de fil espéré, ou que vous ne le recevez pas, sachant que vous attendiez en vain. Dans tous les cas, vous aviez visualisé sans vous en rendre compte, que ce soit le chat, le coup de fil, le silence du téléphone ou la place de parking.

VISUALISER, C'EST FACILE

Dès qu'on goûte, qu'on touche, qu'on sent ou qu'on entend quelque chose, on visualise en même temps. Il n'est pas nécessaire d'avoir une image mentale aussi nette qu'une photographie. En utilisant nos cinq sens, qui ont une puissante capacité d'évocation, nous pouvons visualiser une situation de façon très efficace. Lorsque vous vous voyez aller au supermarché, que vous goûtez déjà la bière bien fraîche dont vous avez envie, lorsque vous vous imaginez dans un bain chaud ou que vous entendez déjà le bruit des vagues et que vous sentez le soleil sur votre peau en pensant à vos prochaines vacances, vous visualisez. En fait, on visualise inconsciemment dès qu'on anticipe. La visualisation n'est donc pas chose nouvelle pour vous et, par la visualisation créatrice, vous allez apprendre à faire consciemment ce que vous faites déjà inconsciemment afin de pouvoir orienter votre vie comme vous le souhaitez.

VISUALISER, C'EST BON POUR LA SANTÉ

La recherche médicale a mis en évidence que notre humeur et notre état de santé étaient influencés par ce qu'on regardait. En moins d'un centième de seconde, notre métabolisme se modifie lorsqu'on voit quelque chose de nouveau. Si nous regardons un beau coucher de soleil, notre corps libère des endorphines, ces molécules qui nous procurent une sensation de détente et de bien-être. Si nous regardons une scène de violence, notre corps libère les hormones du stress qui nous rendent agressifs, tendus et créent en nous un sentiment de peur.

DÉBARRASSEZ-VOUS DE VOS INQUIÉTUDES

Nous payons très cher nos inquiétudes : elles nous pèsent, nous rendent pesants aux yeux des autres et sabotent nos chances de réussite. Lorsqu'on se fait du souci, on ressemble à un représentant qui viendrait sonner à notre porte et nous dirait : « Je voudrais que vous achetiez mon aspirateur mais sachez que ce n'est pas un bon modèle. » Ceci est exactement l'impression que nous donnons aux autres lorsque nous sommes soucieux. De plus, les gens ne recherchent guère notre compagnie parce que nous ne sommes vraiment pas drôles. Vous en avez conscience mais vous continuez néanmoins à ruminer vos inquiétudes. Pourquoi ?

Vous pensez qu'en vous inquiétant vous pourrez maîtriser la situation et qu'en analysant tous ses côtés négatifs, vous pourrez les empêcher de se produire. C'est parfois vrai mais votre pessimisme et vos inquiétudes risquent aussi de faire fuir en chemin un grand nombre de gens sympathiques. Si vous êtes perpétuellement inquiet, c'est au prix d'une lutte pénible et non pas au terme d'une expérience agréable, comme cela devrait être le cas, que vous arriverez à vos fins.

Le pessimisme nous sert aussi de barrière de sécurité contre le désenchantement : ayant envisagé le pire, nous ne serons pas déçus si les choses ne se passent pas comme nous l'avions espéré. Et peut-être êtes-vous tellement habitué à ne jamais avoir ce que vous voulez que vous êtes tout prêt à accepter ce qui vous plaît moins.

CONCENTREZ-VOUS SUR CE QUE VOUS VOULEZ

Il nous arrive des choses agréables lorsque nous y avons consacré de l'attention. Les choses désagréables cessent de nous arriver lorsqu'on cesse de leur accorder de l'attention. Notre bonheur, notre santé, notre richesse dépendent de notre détermination à utiliser notre imagination pour se concentrer sur ce qu'on veut obtenir de la vie. C'est cela, l'art de la visualisation créatrice. C'est aussi un moyen de sortir ses rêves de la rêvasserie et de les concrétiser.

UTILISEZ VOTRE IMAGINATION

– Que voulez-vous ?
– Fermez les yeux et imaginez que vous avez ce que vous voulez. Imaginez toutes les sensations que cela procure à vos cinq sens : les odeurs, le toucher, les sons, la saveur, les images.

– Que ressentez-vous ?

– Maintenant que vous avez ce que vous voulez, en quoi votre vie sera-t-elle changée ?

– Comment allez-vous réagir face aux situations difficiles et aux personnes qui vous posent problème maintenant que vous avez ce que vous voulez ?

FAITES TOURNER LA CHANCE

La visualisation créatrice vous apprend à avoir de la chance en modifiant les idées négatives que vous avez sur vous-même et qui vous rendent malchanceux. Vous pensez peut-être que la chance est quelque chose d'extérieur à vous mais c'est faux, elle vient de l'intérieur, elle vient de vous. La visualisation créatrice vous apprend à reconnaître votre chance. C'est également un procédé qui vous permet de bien maîtriser votre vie et qui a donc pour résultat de vous rendre profondément heureux.

CHAPITRE DEUX

COMMENT ÇA MARCHE ?

Le but de ce livre est de vous apprendre la visualisation par des exemples concrets que vous pourrez utiliser d'emblée pour réaliser vos objectifs.Il n'existe pas une seule et bonne manière de visualiser ; la bonne manière est celle qui vous convient à vous personnellement. C'est ainsi qu'il faut procéder.

On peut regrouper les techniques de visualisation créatrice en trois catégories :

1) créer ce qu'on veut pour soi et pour les autres,

2) détruire ce dont on ne veut plus,

3) consolider ses réussites. Vous pouvez utiliser ces trois aspects de la visualisation pour améliorer vos relations, réussir votre carrière professionnelle, avoir davantage de charme ou être en meilleure santé.

Le processus de visualisation se déroule en sept étapes qui ne nécessitent aucun effort :

1) Déterminez vos objectifs.

2) Détendez-vous physiquement et mentalement.

3) Visualisez ce que vous désirez obtenir en imaginant que vous l'avez déjà.

4) Sortez de votre visualisation.

5) Affirmez que vous avez ce que vous voulez.

6) Comportez-vous comme si vous aviez déjà ce que vous voulez.

7) Enfin, continuez ce processus en prenant les mesures qui vous permettront de réaliser vos objectifs.

VOIR C'EST CROIRE

Sans vous en rendre compte, vous vous êtes peut-être programmé sur le mode « Je veux ça, je le veux vraiment, mais je ne l'ai pas ». Ce genre de dialogue intérieur peut faire obstacle à tout ce que vous désirez vivement obtenir. Quand vous contemplez votre vieille voiture en soupirant : « Qu'est-ce que j'aimerais avoir une belle voiture ! », vous confirmez le fait que vous n'en avez pas. Vous rêvez d'être mince et, en vous regardant dans la glace, vous confirmez votre surcharge pondérale. Vous voulez avoir de l'argent mais vous vous voyez démuni. Vous voulez de la compagnie mais vous vous imaginez dans la solitude.

La visualisation créatrice vous apprend à voir les choses différemment et à vous fabriquer des images mentales positives. Cette technique peut opérer en vous un changement radical. Chaque fois que vous voyez mentalement ce que vous désirez, ne serait-ce que furtivement, ce que vous désirez devient alors vrai pour vous, laisse son empreinte en vous et vous modifie.

Vous avez en effet ouvert la porte du possible. Certains appellent ce phénomène « ouvrir son robinet intérieur ». Plus vous visualisez ce que vous voulez, plus vos souhaits deviennent réels et se transforment en détermination. C'est cette attitude, cette détermination, qui engendrent automatiquement les conditions nécessaires pour obtenir ce que vous voulez.

LE GRAND SECRET : SENTIR LES CHOSES

Vous allez probablement découvrir que vos sentiments sont de puissants outils qui vous permettent d'obtenir des résultats rapides. Des gens m'ont raconté que quelques minutes après avoir visualisé intensément, il avaient reçu le coup de téléphone qu'ils attendaient depuis des mois. Rendez donc votre visualisation aussi précise, vivante et intense que possible. Car c'est ainsi que la situation visualisée restera imprimée dans votre esprit.

Vos sentiments ont le même effet sur votre esprit que quelqu'un qui se précipiterait vers vous dans la rue en criant à l'aide. Si cela vous arrivait, vous vous porteriez immédiatement au secours de cette personne. Votre esprit fait exactement la même chose. Lorsque, par la visualisation, vous produisez un sentiment puissant, vous transmettez un signal d'alarme à votre esprit qui se mobilise aussitôt pour mettre en œuvre ce que vous souhaitez.

LES RÉSULTATS : DES OCCASIONS SE PRÉSENTENT

Votre esprit fonctionne de trois manière différentes : il vous offre des occasions qui vous permettent d'avoir ce que vous voulez ; il opère des changements spontanés ; il met sur votre chemin des gens qui vous offrent quelque chose. Et tout cela se produit immédiatement. Le plaisir de la visualisation, c'est aussi de saisir les occasions qui se présentent à vous.

Par exemple, si vous êtes à court d'argent, votre esprit vous proposera une solution pour en gagner. Si vous vous sentez seul, peut-être aurez-vous l'envie soudaine de vous inscrire à un cours du soir où vous rencontrerez quelqu'un.

Si vous voulez maigrir, peut-être vous rendrez vous compte que vous avez perdu du poids alors que vous n'avez pas suivi de régime. Alors que vous ne vous y attendez pas du tout, un proche vous téléphonera peut-être pour vous proposer de l'argent. Ou bien encore, on vous invitera au théâtre, à partir en voyage ou un ami vous offrira quelque chose dont il ne se sert plus et dont vous avez grand besoin.

À PROPOS DE CES TECHNIQUES

Certaines des techniques proposées dans ce livre vous parleront d'emblée, par exemple conduire une nouvelle voiture ou se promener en forêt. D'autres techniques telles que s'installer sous une bonne étoile, faire tourner les aiguilles d'une montre à l'envers, gagner au jeu ou démolir un collègue de travail qui vous énerve, vous sembleront plus inhabituelles. Les deux ont leur utilité. En effet, certaines personnes sont plus à l'aise avec des situations qui se produisent dans la vie de tous les jours tandis que d'autres préfèrent celles qui font davantage appel à l'extraordinaire. Il est donc probable que vous allez apprécier un mélange des deux. Vous allez également pratiquer des visualisations plus ou moins longues ou courtes. Les visualisations longues, telles qu'un jogging en forêt ou les objectifs que vous vous êtes fixés pour changer votre vie, sont à pratiquer une fois par séance. Les visualisations courtes, par exemple servir un ace au tennis, ne prennent que quelques secondes. Il est préférable de les pratiquer trois fois de suite par séance afin qu'elles laissent leur empreinte dans votre esprit.

Vous découvrirez également que certains exemples proposés dans les derniers chapitres concernent plus spécifiquement soit les hommes soit les femmes. Ainsi le chapitre 4, *Visualiser pour être belle*, prend les femmes pour exemple mais cette technique s'applique tout aussi bien aux hommes. De même, le chapitre 5, *Visualiser pour les affaires*, ou le chapitre 6, *Détruisez ce dont vous ne voulez plus*, semblent s'adresser plus particulièrement aux hommes mais conviennent également aux femmes.

VOTRE ESPRIT : LE MEILLEUR ORDINATEUR AU MONDE

Certaines personnes se demandent comment le fait de se voir en train de gagner une partie de cartes peut les aider à décrocher un contrat. Faites donc confiance à votre esprit pour réunir les morceaux du puzzle, c'est le meilleur ordinateur qui soit. Quand vous visualisez dans un but particulier, vous agissez sur la zone profonde de votre conscience, là où s'opèrent les changements. C'est ce qu'on appelle l'inconscient ou le subconscient. À ce niveau, l'esprit n'a aucune notion du bien ou du mal. Il ne comprend que les instructions qu'on lui donne.

Lorsque vous dirigez votre esprit vers le succès, par exemple en visualisant que vous gagnez une partie de cartes, ou en faisant reculer les aiguilles de l'horloge pour atteindre un but particulier, vous le programmez pour réussir, même si la visualisation comporte beaucoup de fantasme.

À l'inverse, si vous visualisez que vous perdez la partie, vous pouvez tuer dans l'œuf toutes vos chances de réussite car vous aurez dirigé votre esprit dans le sens de l'échec.

VISUALISATION ET HYPNOSE, EST-CE LA MÊME CHOSE ?

Certaines personnes pensent que visualisation et hypnose sont deux choses identiques. Il n'en est rien. L'hypnose est une manipulation superficielle de l'esprit qui peut, c'est vrai, vous aider à arrêter de fumer ou à vous débarrasser d'une phobie. Mais très souvent, un problème traité par l'hypnose surgit à nouveau sous une autre forme.

Des études ont montré que lorsqu'on demandait à des personnes sous hypnose de plonger une main dans un seau d'eau glacée tout en leur disant que l'eau était tiède, leur main ne souffrait pas du froid. Pourtant, lorsqu'on demandait à ces mêmes personnes d'écrire avec leur main libre les sensations de la main plongée dans le seau, elles écrivaient inévitablement « Aïe ! », « Ça fait mal ! », « Sortez-moi la main de là ! » Ce qui montre bien que même sous hypnose, on a conscience de faire semblant.

La visualisation créatrice est quelque chose de différent. Elle pénètre jusqu'au plus profond de vous-même, jusqu'à votre cœur, et modifie vos sentiments par rapport à la vie, au monde et aux gens qui vous entourent. Mais surtout, la visualisation modifie vos sentiments vis-à-vis de vous-même et vous aide à comprendre que vous méritez ce qu'il y a de mieux.

LA VISUALISATION, EST-CE LA VICTOIRE DE L'ESPRIT SUR LA MATIÈRE ?

Pas vraiment. La victoire de l'esprit sur la matière implique la maîtrise ou la domination de quelque chose qui vous agresse : une mauvaise grippe, une grande fatigue, des voisins bruyants, par exemple.

La visualisation, en revanche, est un processus beaucoup plus créatif. Lorsque vous visualisez, vous ne réprimez rien, vous créez. La rééducation de la matière par l'esprit serait peut-être une manière plus juste de dire les choses car, lorsque vous visualisez, vous rééduquez votre corps à être plus mince, votre compte en banque mieux approvisionné ou vos relations plus harmonieuses.

POURQUOI VISUALISER ?

Apprendre à visualiser vous rendra bien plus chanceux que vous ne pouvez l'imaginer en ce moment même. Plus précisément, la visualisation va faire essentiellement trois choses pour vous.

En premier lieu, la visualisation va vous asseoir à la place du conducteur. Vous allez vous-même créer ce que vous voulez au lieu d'attendre perpétuellement tout des autres. Vous allez faire l'expérience d'une confiance et d'une maîtrise de soi que vous n'avez peut-être jamais connues auparavant. Ceci ne veut pas dire que les autres vont cesser de faire des choses pour vous. D'ailleurs vous serez peut-être étonné de constater à quel point les gens se mettent en quatre pour vous aider une fois que vous aurez commencé à visualiser. C'est parce que vous aurez induit les choses en les ayant imaginées.

En second lieu, la visualisation vous fera prendre conscience des possibilités illimitées qui s'offrent à vous et que vous avez parfois sous le nez sans les voir. Quand vous réaliserez tout ce que vous pouvez faire, peut-être serez-vous dans un premier temps un peu dépassé par les événements.

Enfin, la visualisation vous ouvrira les portes de l'inattendu. C'est l'aubaine à laquelle tout le monde rêve sans oser l'espérer. La vie n'est pas que pénible, vous aussi pouvez avoir de la chance.Le but de ce livre est de vous montrer que la chance est à votre portée.

L'ENNEMI

Dans le domaine de la visualisation, vous n'avez qu'un seul ennemi, votre ego. C'est votre ego qui génère le doute et le manque de confiance en soi. Votre ego, c'est la petite voix qui vous murmure à l'oreille alors que vous vous appliquez à réaliser quelque chose d'important : « Au lieu de faire ça, tu ferais mieux de t'occuper de tes enfants. » « Tu fais ça alors que tu n'as même pas changé l'ampoule du salon. » « Et la vaisselle ? »

Alors que vous vous efforcez d'obtenir un rendez-vous important, votre ego va vous dire que vous avez oublié la fête des mères. Quand vous êtes au régime, il va vous soutenir qu'un petit carré de chocolat ne peut pas vous faire de mal. Votre ego vous remémorera des bons souvenirs et vous dira : « Tu vois, c'était le bon temps, dommage que ce soit du passé. » Votre ego souligne vos erreurs, vous fait des reproches, ébranle votre confiance et vous donne le sentiment que vous ne méritez rien. Vous débarrasser de cet ennemi par la visualisation créatrice vous procurera un grand bien-être.

PLANIFIER VOS SÉANCES DE VISUALISATION

Avec quelle fréquence faut-il pratiquer la visualisation ? Je recommande généralement une bonne séance de vingt minutes chaque jour Cela vous paraît peut-être beaucoup mais une fois que vous aurez fait l'expérience des bienfaits de la visualisation, vous ne voudrez pas en faire une minute de moins. Faites une liste de vos objectifs afin de vous y reporter dans vos séances de visualisation. Il est également important de pratiquer la visualisation à un moment de la journée où vous êtes en forme, par exemple le matin lorsque vous êtes frais et dispos. Le soir, juste avant de vous endormir, vous pouvez également pratiquer votre technique de visualisation préférée. Certaines personnes ont découvert que c'était pour elles plus efficace qu'un somnifère pour passer une bonne nuit.

CHAPITRE TROIS

CRÉEZ CE QUE VOUS VOULEZ

Vous avez toujours raison de vouloir ce que vous voulez et il est juste que vous l'obteniez. Il est évident que vos motifs sont les bons. Mais avant d'obtenir ce que vous voulez, il faut d'abord le créer dans votre imagination.

Déterminez ce que vous voulez obtenir, installez-vous dans une position confortable et détendez-vous. Vous pouvez par exemple vous installer dans votre fauteuil préféré, vous coucher en boule, vous allonger dans l'herbe ou vous asseoir sous un arbre. Certaines personnes respirent plusieurs fois profondément et comptent lentement de dix à un pour se détendre, d'autres écoutent de la musique douce, d'autres encore préfèrent le silence complet.

Considérons par exemple que vous voulez disposer de davantage d'argent. Comment dépenseriez-vous cet argent si vous l'aviez ? De quoi votre manque d'argent vous prive-t-il dans l'immédiat ? Fermez les yeux et visualisez ce que vous achèteriez si vous étiez riche.

Mais peut-être est-ce une nouvelle voiture que vous souhaitez acquérir. Imaginez que vous vous rendez chez le concessionnaire et que vous posez sur le comptoir une liasse de billets correspondant à son prix d'achat. Voyez la surprise du vendeur qui s'empresse de vous remettre les clefs. Écoutez le bruit des clefs que vous tenez à la main tandis que vous vous dirigez vers votre nouvelle voiture.

Ouvrez la portière et installez-vous au volant. Humez l'odeur d'une voiture neuve, passez votre main sur les sièges. Dans votre imagination, mettez le contact et écoutez le ronronnement régulier du moteur. Prêtez attention au petit clic de la ceinture de sécurité. Prenez maintenant un itinéraire qui vous est familier. Il fait beau, vous actionnez le toit ouvrant, vous écoutez votre émission de radio préférée, vos enfants qui rient à l'arrière ou votre chien qui aboie tandis que vous conduisez votre nouvelle voiture. Rendez la scène aussi vivante que possible.

Lorsque vous aurez cessé votre visualisation, affirmez : « Je possède maintenant la voiture que je veux depuis toujours » ou quelque chose de similaire. Répétez souvent cette affirmation tandis que vous vaquez à vos occupations quotidiennes et comportez-vous comme si c'était vrai.

Quand vous conduisez votre voiture actuelle, même si c'est un vieux tas de ferraille, traitez-la comme si c'était la voiture dont vous allez désormais être le propriétaire. Voyez votre nouvelle voiture garée devant chez vous.

Si vous répétez régulièrement cet exercice d'imagination, des changements subtils se produiront dans votre vie qui vous amèneront vers votre but. D'une façon tout à fait inattendue, peut-être vous proposera-t-on un travail qui financera l'achat de votre voiture. Peut-être encore aurez-vous l'idée de vendre quelque chose qui vous apportera la somme d'argent nécessaire. Ou bien vous jouerez au loto ou contacterez un ami qui peut vous aider financièrement. Peut-être enfin ferez-vous tout cela à la fois.

Pour que votre visualisation porte ses fruits, il faut que vous suiviez les idées que votre intuition vous suggère car ce sont là des étapes qui vous conduiront vers ce que vous voulez. En effet, votre esprit et votre imagination travaillent alors main dans la main pour vous apporter une solution. La visualisation seule ne vous apportera pas ce que vous voulez. Il faut également que vous agissiez.

VISUALISER POUR ÊTRE EN BONNE SANTÉ

N'essayez pas de lutter contre vos problèmes de santé, même s'ils sont très graves. Utilisez votre imagination pour les surmonter. Ce que votre état vous empêche de faire en ce moment est précisément ce que vous devez accomplir en imagination. Choisissez une situation qui ne pourrait arriver que si vous étiez en pleine forme. Disons par exemple que vous avez des difficultés à marcher. C'est sur ce point qu'il faut que vous détendre : fermez les yeux et imaginez que vous êtes en train de courir !

Imaginez-vous en train de faire un jogging dans un superbe cadre de verdure au lever du jour. Percevez les sensations que vous procurent la course, le vent sur le visage, votre T-shirt mouillé de transpiration, la semelle élastique de vos chaussures, l'odeur de la végétation et de l'herbe coupée. Saluez les joggeurs que vous croisez puis, de retour chez vous, effondrez-vous dans un fauteuil devant un grand verre de jus de fruit bien frais. Plus vous rendrez ce scénario vivant et mieux ce sera.

Sortez ensuite de votre visualisation et affirmez : « Je viens de faire un long jogging dans le parc et je me sens parfaitement bien. » Comportez-vous maintenant comme si c'était vrai. Prenez une douche comme si l'effort physique vous avait fait transpirer. Si vous marchez avec des cannes anglaises, peut-être aurez-vous envie de moins vous en servir. Si telle est votre intuition, efforcez-vous de vous en passer de plus en plus. Et chaque fois que vous prenez vos cannes, affirmez : « J'ai de moins en moins besoin de mes cannes et je marche chaque jour un peu mieux. »

Grâce à ce travail de l'imagination, vous allez sentir intuitivement ce qu'il faut faire pour aller mieux. Peut-être aurez-vous envie de vous mettre au yoga, de faire une cure de balnéothérapie ou de vitamines. Certaines personnes ont même découvert qu'une nouvelle activité de loisir absorbait tellement leur attention que leur problème physique disparaissait de lui-même.

Si vous écoutez votre intuition, vous pouvez guérir. On connaît de nombreux cas de cancer, de sclérose en plaques, de VIH et de stérilité dont l'évolution a été stoppée par la visualisation créatrice, bien souvent alors que toutes les autres thérapies avaient échoué. La visualisation créatrice permet également de résoudre des problèmes quotidiens tels que les migraines, le mal de dos, la fatigue chronique, le surpoids ou autres troubles. La médecine classique reconnaît de plus en plus la visualisation créatrice comme l'un des moyens de guérison les plus performants aujourd'hui.

AVOIR UNE BONNE ÉTOILE

Tout le monde veut avoir de la chance. Nous connaissons tous des gens qui en ont et qui obtiennent toujours ce qu'ils veulent sans avoir à faire beaucoup d'efforts.

Les gens qui ont de la chance ont ce qu'on appelle une bonne étoile. Vous aussi pouvez avoir la vôtre. Le fait de visualiser une bonne étoile au-dessus de votre tête vous aidera à sentir que vous êtes quelqu'un de bien et que vous avez de la chance. Fermez les yeux et visualisez une étoile qui brille au-dessus de votre tête, imaginez sa lumière dorée qui pénètre toutes les cellules de votre corps de la tête aux pieds. Désormais la chance vous sourit. Sentez l'émerveillement que cela vous procure.

Arrêtez maintenant votre visualisation et affirmez : « J'ai une bonne étoile et la chance me sourit. » Cela ne vous semblera pas difficile car cet exercice procure un bien-être immédiat.

La bonne étoile présente l'avantage qu'on peut facilement la visualiser à tout moment de la journée. Que ce soit au volant de votre voiture, avant un rendez-vous important ou au moment de vous endormir, visualisez votre bonne étoile au-dessus de vous. Vous pouvez aussi changer la couleur ou la taille de votre étoile selon l'humeur du jour, ou visualiser une bonne étoile au-dessus des gens que vous aimez ou même de vos animaux familiers afin qu'il soient protégés et en bonne santé.

OFFREZ-VOUS UNE MAIN GAGNANTE

Comme je suis américaine, j'adore jouer au poker. C'est le jeu auquel jouent les cow-boys dans les westerns. Il y a plusieurs manières de jouer au poker mais celle que je préfère, c'est le poker de base, le plus simple. Il y a généralement cinq joueurs et c'est celui qui a les meilleures cartes qui gagne. On gagne si on a un brelan, c'est-à-dire trois cartes de même valeur, ou deux paires, par exemple deux dix et deux trois. Mais le fin du fin, c'est d'avoir un flush royal, soit une suite de cinq cartes de la même couleur. C'est le genre de chose qui n'arrive qu'une seule fois dans la vie. Ça bat un carré même si c'est un carré d'as.

Lorsque je veux gagner avec un flush royal, je me visualise assise à une table ronde recouverte d'un tapis vert autour de laquelle sont assis d'autres joueurs. La pièce est plongée dans une semi-obscurité ; il y a seulement une lampe au-dessus de la table. Nous jouons depuis un certain temps lorsque j'abats mes cartes : un as, un roi, une reine, un valet et un dix soit à carreau soit à cœur. Dans un silence de stupéfaction, que j'entends, les autres joueurs abattent leur jeu et montrent ainsi qu'ils sont battus. Puis je ramasse le pot, une énorme masse de pièces et de billets posée au milieu de la table.

Cette technique de visualisation m'aide à gagner dans presque toutes les situations. Mais elle me sert particulièrement lorsque je travaille à un projet que je souhaite terminer avec brio.

VOS ATOUTS CACHÉS

Il existe une autre technique de visualisation utilisant le scénario du jeu de cartes, efficace quand il s'agit de se faire des relations, de convaincre vos interlocuteurs que votre projet est le bon, et pour réussir une entreprise d'une façon générale.

Cette technique consiste à avoir un carré d'as caché dans la manche. Visualisez-vous assis à la même table de jeu et, lorsqu'arrive votre tour, sortez un as imaginaire de votre manche. Abattez-le sur la table. Puis abattez le deuxième, le troisième et le quatrième. Voyez le carré d'as sur le tapis vert. Entendez le silence abasourdi des autres joueurs. Voyez-les abattre leur jeu puis ramassez la mise. Savourez le plaisir d'avoir gagné grâce à vos atouts cachés.

CHAPITRE QUATRE

VISUALISER POUR ÊTRE BELLE

Quand vous vous regardez dans la glace, ce que vous y voyez est très important pour vous. Si vous vous plaisez, vous êtes sûre de vous, vous êtes gaie et la chance vous sourit. Sinon, vous avez tendance à crier contre vos enfants, à soupçonner votre conjoint, à fumer trop, à boire trop ou à critiquer les autres pour vous remonter le moral. La plupart des femmes avouent qu'il leur est difficile de vieillir et de voir leur beauté perdre son éclat. Les hommes ressentent parfois la même chose. Mais le vieillissement n'est pas une fatalité. Vous pouvez très bien conserver belle allure en prenant soin de vous, mais vous ne le faites pas toujours. Pourquoi ?

Eh bien, c'est essentiellement parce que vous vous sous-estimez. Vous êtes persuadée que vos idées sont nulles, que vous n'êtes pas à la hauteur, que vous ne valez pas grand-chose. Résultat, vous êtes déprimée, vous manquez d'entrain et vous vous laissez aller.

IL N'EST JAMAIS TROP TARD

Il n'y a rien qui ne puisse être changé ou amélioré. Si vous achetez une vieille casserole en cuivre aux puces, vous pouvez très bien la faire débosseler et rétamer puis l'astiquer jusqu'à ce qu'elle brille comme un sou neuf. Il en va de même pour un meuble ancien que vous dénichez dans une brocante : vous le réparez, vous l'encaustiquez et il devient la fierté de votre intérieur. Cela vous fait penser à la chirurgie esthétique ? Vous pouvez bien sûr vous faire faire un lifting si vous le souhaitez mais il existe des moyens beaucoup moins douloureux et moins coûteux d'avoir bonne mine.

Lorsque vous avez acheté votre casserole en cuivre ou votre meuble ancien, vous leur avez trouvé quelque chose malgré leur usure et leur saleté. Vous avez vu leur beauté potentielle. Il en va de même pour vous, il faut simplement que vous mettiez votre beauté en valeur. La visualisation créatrice va intensifier votre beauté d'une façon à nulle autre pareille.

RESPLENDISSEZ DE BONHEUR

On n'insistera jamais trop sur le rôle capital que joue le bonheur dans l'apparence physique. Toutes les femmes et tous les hommes auraient un charme fou s'ils s'autorisaient à obtenir ce qu'ils souhaitent vraiment. C'est la négation de nos désirs les plus profonds qui engendre la laideur et les tensions. La tristesse et l'ennui sont les pires des toxines.

Donc, pour être belle, votre technique de visualisation quotidienne sera essentiellement de vous voir mener la vie que vous souhaitez puis de prendre les mesures nécessaires pour que cela se concrétise.

En visualisant ce que vous désirez, qu'il s'agisse pour vous d'acheter une maison de campagne, de créer votre propre entreprise ou d'écrire des poèmes, vous allez détourner votre attention de vos problèmes pour vous concentrer sur leur solution. Vous allez avoir une vision plus précise des choses, la vision concrète de ce que vous souhaitez et que vous créez vous-même. Et cela vous donnera beaucoup de charme.

Votre visage et votre regard vont s'éclairer, vous aurez besoin de moins d'heures de sommeil tout en restant en pleine forme. Votre entourage vous dira : « Mais qu'est-ce que tu as fait pour avoir l'air si bien ? » Ce sont des réactions auxquelles il faut vous attendre dès que vous aurez commencé à visualiser régulièrement. Vous allez véritablement rayonner du bonheur que vous procure la visualisation. Ceci est vrai pour les hommes comme pour les femmes.

CORRIGER SES IMPERFECTIONS PHYSIQUES

Plus précisément, la visualisation créatrice vous aidera à corriger les imperfections physiques dues à l'âge, à la maladie ou à l'hérédité. La visualisation créatrice peut résoudre un nombre infini de problèmes depuis les ongles cassants jusqu'aux épaules en portemanteau en passant par le teint brouillé, les cheveux gras, etc. Dans le présent chapitre, nous allons aborder deux problèmes très répandus, le surpoids et les rides.

VISUALISER UN RÉGIME

Il existe une technique de visualisation très efficace pour obtenir un corps mince et ferme : se voir dans une situation qui ne pourrait se produire que si on a un corps bien proportionné, par exemple se promener en bikini sur la plage. Bien que les techniques décrites ci-dessous fassent référence aux gens qui veulent maigrir, elles s'appliquent tout aussi bien à celles et ceux qui souhaitent prendre des formes, s'étoffer ou se muscler.

Détendez-vous, fermez les yeux et visualisez-vous allongée sur une plage portant un joli maillot de bain. Sentez la chaleur du soleil sur votre peau, écoutez le bruit des vagues et, au loin, les rires des baigneurs. Sentez qu'une brise légère vous caresse la peau et imprégnez-vous du plaisir de pouvoir être allongée devant tout le monde et d'avoir un corps dont vous êtes fière.

Dans votre imagination, regardez maintenant l'une après l'autre chaque partie de votre corps. Commencez par vos pieds, ils sont élégants et bronzés. Vos chevilles sont fines. Remontez le long des mollets bien galbés et de vos cuisses fermes. Visualisez votre poitrine exactement comme vous voudriez qu'elle soit. Remontez jusqu'à votre cou. Si vous êtes une femme, peut-être aimeriez-vous qu'il soit plus long et plus mince qu'il ne l'est en réalité. Si vous êtes un homme, peut-être le préféreriez-vous plus puissant. Admirez vos bras et vos mains. Enfin, imaginez votre visage rayonnant de la confiance et du plaisir d'avoir enfin un corps que vous aimez. Terminez votre visualisation par un dernier tableau : après cette journée à la plage, vous faites une partie de tennis, vous dansez, vous dînez sur une terrasse ou vous vous promenez au clair de lune.

AFFIRMEZ VOTRE BEAUTÉ

Au terme de cette technique de visualisation, qui est très puissante, vous aurez peut-être l'impression d'avoir fait un grand voyage. Et ce sera le cas ! Vous venez de transformer radicalement l'image que vous avez de vous-même. Si ce sentiment est trop fort, donnez-vous une minute ou deux pour vous y habituer puis affirmez : « De jour en jour, mon corps devient de plus en plus beau, je me sens de mieux en mieux et j'ai de plus en plus de charme. »

Vaquez ensuite à vos activités quotidiennes et comportez-vous comme si c'était vrai. Quelle démarche auriez-vous, quelle attitude envers les autres, comment répondriez-vous au téléphone si votre apparence physique vous plaisait ? De quelle manière mangeriez-vous ?

Mangeriez-vous sur le pouce ? Avaleriez-vous tout et n'importe quoi à toute vitesse ? Comment se dérouleraient vos journées ? Sortiriez-vous dîner avec des amis ? Vous lanceriez-vous dans une nouvelle carrière professionnelle ? Décideriez-vous de fonder un foyer et d'avoir des enfants ou bien de voyager ? Faites de votre mieux pour vous comporter comme la personne que vous venez de visualiser dans votre imagination.

DES CHANGEMENTS SUBTILS

Ensuite, il va se produire trois choses. Dans un premier temps, votre silhouette va se modifier d'elle-même, de façon subtile ; au départ, vous allez peut-être penser que c'est vous qui vous faites des idées. En vous regardant furtivement dans la glace, vous vous verrez plus mince ou bien vos vêtements vous serreront moins et vous pourrez les boutonner plus facilement. Nous allons expliquer à la fin du chapitre comment cela est possible.

Si vous voulez que votre visualisation porte ses fruits, il faut que vous acceptiez ces changements et que vous vous félicitiez de les avoir réalisés. Car à l'inverse, si vous les chassez d'un revers de la main en pensant que ce sont des idées que vous vous faites, vous allez perdre tout le bénéfice de votre travail.

Dans un deuxième temps, vous allez très probablement cesser d'avoir envie de manger les aliments incompatibles avec la minceur, comme le chocolat, les frites ou la charcuterie. Tout cela ne vous fera plus envie. Vous allez désormais préférer les plats qui vous aideront à obtenir la silhouette que vous désirez, les salades et les fruits, par exemple. Il est possible aussi que vous perdiez complètement l'appétit. Si c'est le cas, allez consulter votre médecin et contentez-vous de jus de fruits pendant un jour ou deux.

Enfin, vous commencerez à avoir envie de faire des choses qui vont contribuer à vous fabriquer une nouvelle silhouette. Peut-être aurez-vous soudain envie d'aller régulièrement à la piscine, de faire du jogging ou d'aller travailler à bicyclette. Chacun a sa manière de maigrir mais votre esprit sait ce qui vous convient le mieux. Si vous écoutez votre intuition, vous commencerez à vous modeler la silhouette que vous souhaitez sans connaître le stress d'un régime ou le cafard dû à la privation de nourriture.

FAITES DES COURSES

Vous aurez sans doute envie de porter des vêtements que votre silhouette actuelle ne vous permet pas. Mais dans votre imagination vous le pouvez. Faire des courses est une puissante technique de visualisation qui vous permettra d'y arriver.

Détendez-vous, fermez les yeux et imaginez que vous faites des emplettes dans un beau magasin de prêt-à-porter. Choisissez les vêtements qui vous plaisent, essayez-les et regardez comme ils vous vont bien. Assurez-vous que vous avez bien lu la taille sur l'étiquette. Si par exemple vous vous habillez aujourd'hui en 46, imaginez sur l'étiquette une ou deux tailles en dessous, du 44 ou du 42. Enfin, visualisez-vous dans une situation agréable, vous êtes mince et élégante dans vos nouveaux vêtements. Soyez attentive au plaisir de vous sentir bien dans la taille que vous voulez. Au terme de votre visualisation, affirmez : « Je peux maintenant m'habiller comme j'ai toujours rêvé de le faire. »

Comportez-vous ensuite comme si c'était le cas même si vous portez un vieux pull déformé.

EFFACEZ VOS RIDES

Vous avez parfois l'impression que vos rides compromettent votre beauté et cela vous déprime. Il est vrai que les rides sont souvent mieux portées par un homme que par une femme. L'une des meilleures techniques que je connaisse pour enlever les rides est la technique de la gomme que l'on utilise aussi pour se débarrasser de ses soucis. Choisissez les rides que vous souhaitez supprimer en priorité, détendez-vous, fermez les yeux puis imaginez que vous gommez ces rides de votre visage de la même manière que vous effaceriez une ligne tracée au crayon sur un papier.

Cette technique demande un peu de pratique et il y a deux moyens de la mettre en œuvre.

Soit vous imaginez que vous gommez directement les rides sur votre visage, soit vous imaginez que vous regardez un portrait de vous sur lequel les rides sont dessinées au crayon.

Personnellement, j'utilise la deuxième technique. Je visualise une photo de moi où les rides sont dessinées au crayon. Puis, dans mon imagination, je prends une gomme et j'efface toutes les rides qui me déplaisent. J'enlève aussi d'un doigt les petites résidus de gomme sur la photo. Je reviens ensuite à mon « vrai » visage et je visualise les zones ridées où la peau a maintenant retrouvé toute sa jeunesse et son élasticité.

Quelle que soit la technique d'effacement des rides que vous utilisiez, peut-être souhaiterez-vous conserver sur votre visage quelques rides d'expression parce qu'elles marquent votre personnalité. Terminez cette visualisation en vous imaginant dans une situation agréable, le visage lisse et rayonnant.

Écoutez les autres vous faire des compliments sur votre bonne mine. Écoutez-les vous dire : « Je ne sais pas comment tu fais mais tu n'as pas une seule ride. » Soyez attentive à la satisfaction que vous ressentez. Cessez votre visualisation et affirmez : « Mes rides sont beaucoup moins prononcées qu'avant et elles auront bientôt complètement disparu. »

Vous pouvez y arriver. Car si on peut cirer une paire de chaussures en cuir et les rendre superbes, il en va de même pour votre peau. La visualisation est votre première étape.

POURSUIVRE PAR L'ACTION

Ce qui se passe ensuite est la même chose que ce qui se passe avec votre poids. Votre peau va peu à peu se modifier d'elle-même. Vous allez aussi avoir des intuitions sur ce qu'il faut faire. Si vous avez des rides autour de la bouche ou des rides d'attention profondes sur le front, peut-être vous « verrez-vous » appliquer une huile à la vitamine E ou une huile essentielle. Peut-être encore aurez-vous l'intuition qu'il faut apporter de la vigilance à votre hygiène alimentaire, consommer moins de laitages ou essayer une nouvelle gamme de produits de beauté. Encore une fois, si vous suivez votre intuition, l'amélioration s'en trouvera accélérée.

FAIRE TOURNER LES AIGUILLES D'UNE MONTRE À L'ENVERS

Lorsqu'on vieillit, le temps qui passe devient notre ennemi mais nous pouvons aussi en triompher. Faire tourner les aiguilles d'une montre à l'envers est une technique extraordinaire pour rajeunir. Introduisez une horloge dans votre séance quotidienne de visualisation mais, au lieu de voir les aiguilles tourner dans le sens habituel, voyez-les tourner en sens inverse. Vous pouvez faire reculer la pendule de quarante-huit heures en une seule fois et chaque jour rajeunir d'une journée au lieu de vieillir du même temps. Ou, si vous voulez obtenir des résultats plus rapides, vous pouvez faire reculer la pendule d'une semaine d'un seul coup. Lorsque vous arrêtez votre visualisation, affirmez : « Je rajeunis de jour en jour. » Ressentez le plaisir de savoir que vous gagnez « contre la montre. »

Cette technique va avoir le même effet sur vous que celle de la bonne étoile : vous allez avoir le sentiment que vous êtes quelqu'un d'extraordinaire et qui a de la chance. Et, ce qui est plus important encore, vous allez sentir que vous maîtrisez le processus du vieillissement au lieu d'être à sa merci. Cela va vous donner un dynamisme que les autres ne manqueront pas de remarquer.

VOIR LA VIE EN ROSE

Visualiser la couleur rose est une technique qui permet d'atténuer les rides mais aussi d'avoir un meilleur teint. Détendez-vous, fermez les yeux et voyez du rose s'infiltrer doucement à travers la peau de votre visage. Vous pouvez imaginer que vous respirez cette lumière rose ou visualiser que toute la face antérieure de votre corps (le cou, les bras, les jambes) y est plongée. Voyez les rides, le double menton, les poches sous les yeux se dissoudre dans la lumière. Vous pouvez choisir toute nuance de rose qui vous plaît. Retenez aussi longtemps que possible l'image de votre visage rayonnant de lumière rose. Puis arrêtez votre visualisation et affirmez : « J'ai le teint clair et le visage radieux et mes rides sont en train de disparaître. »

DIS-MOI, Ô MIROIR

Se regarder dans la glace pour voir le résultat risque de tout gâcher. Apprenez donc à éviter votre miroir. En effet, si vous avez pratiqué la visualisation pour vous débarrasser de vos rides, de votre excès de poids ou de votre culotte de cheval, et que vous vous précipitiez devant la glace pour voir s'ils sont toujours là, vous renforceriez votre ego qui vous soutiendra que vous ne pouvez pas vous en débarrasser.

Votre glace vous dira d'elle-même où vous en êtes si vous la laissez faire. Au moment où vous vous y attendez le moins, vous vous apercevrez furtivement dans la glace et vous vous demanderez si c'est bien vous, tellement vous aurez changé. À ce moment-là, votre réaction est très importante et fera pencher la balance dans un sens ou dans l'autre, celui du rajeunissement ou celui du vieillissement. Même si vous avez du mal à croire que vous ayez pu tellement changer, affirmez : « Oui, c'est bien moi » et félicitez-vous du résultat. Lorsque vous visualisez, vous vous fabriquez une nouvelle image de vous-même que vous devez accepter quand il vous arrive de l'entrevoir dans la glace.

COMMENT FONCTIONNE LA VISUALISATION

Peut-être vous demandez-vous : « Comment la visualisation peut-elle faire changer mon visage ou ma silhouette ? »

Pour expliquer les choses simplement, on peut dire que les changements subtils, spontanés, engendrés par la visualisation ont lieu dans les cellules de notre corps qui sont essentiellement composées de vide comme on peut le voir au microscope. Les scientifiques ont découvert que chaque cellule de notre corps contient comme un plan miniature de notre corps entier. Et selon notre humeur et les choses qui nous préoccupent, nos cellules sont saines ou malades.

IMAGINEZ

L'exercice suivant va vous aider à mieux comprendre ce concept. Consacrez quelques instants à regarder autour de vous pour repérer tout ce qui est vert. Où que vous soyez, vous verrez sans doute plusieurs objets verts : une plante, un gilet, le motif d'un canapé ou d'une serviette, des taches vertes sur un tableau. Une fois que vous pensez avoir repéré tous les objets verts autour de vous, lisez le paragraphe ci-dessous en entier puis fermez les yeux et tournez la page.

Dans un instant vous allez tourner cette page sans regarder la première phrase de la page suivante. Vous tournerez donc la page les yeux fermés puis, lorsque vous vous sentirez prêt, vous ouvrirez les yeux et lirez la première phrase de la page suivante. Allez-y.

Tournez la page

Sans quitter cette phrase des yeux, décrivez tout ce qui est bleu autour de vous.

Vous pouvez avoir un blanc en ce qui concerne les objets bleus, si je puis m'exprimer ainsi. La raison pour laquelle vous ne vous souvenez pas des objets bleus est très simple, c'est que vous ne les avez pas cherchés. Vous avez cherché tout ce qui était vert.

Lorsque vous visualisez, vous faites la même chose. En effet, vous vous concentrez alors sur ce qui vous plaît et cessez de prêter attention à ce qui vous déplaît – les rides, les bourrelets, les poches sous les yeux, le double menton, etc. – qui disparaît donc.

CHANGER DE CORPS

« Mais comment ceci peut-il faire changer ma silhouette ou mon visage ? » allez-vous me demander. Eh bien, à chaque instant, des millions de cellules de votre corps meurent et sont remplacées par d'autres. « Les cellules de votre corps se renouvellent en moins de temps qu'il ne vous en faut pour changer de vêtement », explique le Docteur Choppra. Il explique également que notre foie et nos papilles gustatives se renouvellent toutes les six semaines. Les cellules de notre squelette se renouvellent en trois mois et celles de notre estomac tous les quatre jours. Enfin, chaque mois nous changeons de peau.

Dans un an, chaque cellule de votre corps aura été remplacée. Le problème, c'est que comme vous croyez que votre corps s'use au lieu de gagner en force et en vitalité, l'année prochaine vous aurez l'air d'avoir un an de plus au lieu d'un an de moins.

Alors que si vous croyiez l'inverse, vous pourriez vous sentir et avoir l'air un an plus jeune.

C'est parce que vous croyez que votre corps s'use que vos cellules réagissent dans ce sens. C'est là où la visualisation peut intervenir de façon spectaculaire. Lorsque vous visualisez la santé, la beauté, le rajeunissement, vous envoyez à vos cellules un nouveau message auquel elles répondent instantanément.

C'est à cela qu'est dû le changement que vous voyez dans la glace et auquel vous ne croyez pas. Mais ce n'est pas une illusion, ce changement est bien réel. Vous avez simplement reprogrammé des millions de cellules de votre corps grâce à la création d'images mentales positives. Vous avez créé dans chaque cellule un plan de votre corps plus jeune et en meilleure santé. Mais si vous n'acceptez pas ce changement, si vous le repoussez comme étant une illusion, des idées que vous vous faites, vos cellules vont réagir dans ce sens, négatif, et reprendre aussitôt leur processus de vieillissement. Si vous voulez rajeunir, il est essentiel d'accepter ce que vous voyez de mieux en vous.

CHAPITRE CINQ

VISUALISER POUR LES AFFAIRES

Dans le domaine des affaires, c'est pour la négociation de contrats et l'amélioration des relations entre collègues que la visualisation créatrice donne les meilleurs résultats. J'ai pu constater que les hommes et les femmes d'affaires sont parmi les gens qui bénéficient le plus de la visualisation créatrice. Une fois qu'ils commencent à visualiser, ils ne regardent jamais en arrière. Ils sont capables de décrocher des contrats, de se débarrasser facilement des gens indésirables et de se mettre en relation avec les personnes-clés pour leurs affaires. De plus, et ce qui est très important, ils sont en mesure de travailler moins mais plus efficacement et disposent ainsi de davantage de temps pour leurs loisirs et leur vie familiale.

Je me suis occupée d'un P.-D.G qui m'a dit que la visualisation créatrice avait rationalisé sa productivité de la même manière que l'apprentissage de la lecture rapide avait augmenté ses capacités de lecture.

CONCLURE UN CONTRAT AVEC UN CADEAU

La signature d'un contrat est parfois une situation très tendue. « J'ai décroché le contrat que je voulais mais j'aurais simplement souhaité me montrer plus aimable dans l'affaire », m'a dit un jour un client. « Tout se passe très bien jusqu'au moment où on s'assoit à la table de négociation. A ce moment-là, on croit qu'il faut montrer les dents. » C'est quelque chose que j'entends régulièrement. Tout le monde peut cependant sortir vainqueur d'une négociation.

Imaginer qu'on offre un cadeau avant de s'asseoir à la table de négociation a pour effet, et c'est troublant, que le contrat soit signé dans le calme et sans accroc. Détendez-vous, fermez les yeux et imaginez que vous offrez un cadeau à toutes les personnes impliquées dans la négociation. Il est important que vous donniez à chaque personne le cadeau qu'elle souhaite vraiment et non pas celui que vous décidez, vous, de lui offrir.

Peu importe comment vous enveloppez vos cadeaux imaginaires : il peut s'agir d'énormes paquets soigneusement enrubannés ou de boîtes minuscules qui contiennent quelque chose de précieux. Dans votre imagination, donnez son cadeau à chaque personne et voyez leur visage rayonner de plaisir quand elles défont leur paquet. Voyez-les vous regarder, vous remercier et sachez qu'elles sont sincères.

Acceptez maintenant les cadeaux imaginaires que ces personnes vous font. Ouvrez les paquets et soyez attentif au plaisir immense que vous ressentez d'avoir reçu beaucoup plus que ce à quoi vous vous attendiez. Savourez votre plaisir. En dernier lieu, imaginez que tous les contrats sont signés et que tout le monde se serre la main. Vous entendez les bouchons de champagne qui sautent et sentez les bulles sur votre palais, vous appréciez l'atmosphère sympathique et la satisfaction d'avoir conclu dans des termes satisfaisants le contrat que vous vouliez obtenir.

La technique du cadeau est utile dans toute situation où vous avez besoin de créer de la bonne volonté, c'est-à-dire dans le domaine des relations humaines, que ce soit pour une réunion de personnel, un entretien en tête-à-tête, une première prise de contact, etc.

UN CONTRAT TOMBÉ DU CIEL

Vous êtes vraiment content lorsque les affaires vous arrivent sans que vous ayez eu beaucoup d'efforts à faire. Ceci est une image dont vous pouvez vous servir en visualisation. Admettons que vous vouliez obtenir un contrat. Que ressentiriez-vous si le contrat que vous convoitez vous tombait du ciel déjà signé ? Vous seriez étonné. Ça serait trop beau pour être vrai. Les choses ne se passent jamais comme ça. Mais dans votre imagination, cela est possible. En visualisant le contrat que vous voulez décrocher vous tomber du ciel tout signé, vous pouvez engager un processus qui vous permettra de décrocher n'importe quel contrat.

Installez-vous confortablement et détendez-vous, fermez les yeux et imaginez que vous êtes assis sur une chaise. Sen-tez que vous avez quelque chose dans les mains, regardez, toujours dans votre imagination, et constatez que vous tenez le contrat que vous attendiez, et qu'il est tout prêt avec signature et tampon. Ressentez l'étonnement que vous ressentiriez naturellement si cela se produisait. Maintenez cette sensation. Cette technique est rapide, facile et puissante. Recommencez trois fois de suite. Puis arrêtez votre visualisation et affirmez : « Le contrat que je voulais est signé et tout a marché comme sur des roulettes, c'est incroyable. » Agissez maintenant comme si vous veniez de signer le contrat que vous souhaitez décrocher.

TROUVER UNE ÉPINGLE DANS UNE BOTTE DE FOIN

Il y a peut-être une raison pour laquelle l'affaire que vous souhaitez conclure n'aboutit pas. C'est une situation très fréquente en affaires : les négociations calent au moment même où les choses sont sur le point d'aboutir. Ceci peut se produire dans n'importe quel cas de figure : la vente d'une maison ou une négociation complexe.

Tous les gens impliqués dans l'affaire peuvent exposer leurs raisons et dire pourquoi la négociation est bloquée mais vous savez que ce ne sont que des prétextes. Si vous aviez une idée de la cause réelle, vous pourriez y remédier. Vous pouvez y remédier. Trouver une aiguille dans une botte de foin est la méthode infaillible pour y parvenir.

Détendez-vous, fermez les yeux et visualisez un tas de foin. Voyez une épingle qui brille dans le foin et qui est facilement accessible. Dans votre imagination, tendez le bras, retirez l'épingle du foin et jetez-la. Vous pouvez examiner l'épingle avant de la jeter comme vous examineriez un problème, mais ceci n'est pas du tout nécessaire. Jetez l'aiguille au bord de la route, dans une poubelle ou du haut d'un pont. Jetez-la où vous voulez à partir du moment où vous êtes sûr que vous ne la rencontrerez plus sur votre chemin. Lorsque vous arrêtez votre visualisation, affirmez : « L'obstacle est levé et le contrat que je veux obtenir est maintenant signé. »

RENCONTRER LES PERSONNES-CLÉS

Il est capital d'avoir un bon carnet d'adresses si on veut réussir en affaires. Peut-être vous sentez-vous dans ce domaine comme un étranger dans une ville qui aimerait bien se faire des amis mais ne sait pas comment s'y prendre. Vous pensez que si vous pouviez exposer vos idées directement au responsable, vous arriveriez à le convaincre. C'est précisément ce que vous pouvez faire dans votre imagination.

Souvenez-vous d'une seule chose : c'est vous qui avez le rôle le plus important dans votre propre vie et c'est vous-même que vous devez convaincre de vous associer à des gens qui peuvent vous aider à réaliser vos projets.

Détendez-vous, fermez les yeux et imaginez que vous êtes devant un superbe bureau de direction où sont réunis de grands hommes d'affaires. Dans votre imagination, ouvrez la porte et entrez dans la pièce.

Ces importants personnages se retournent et vous saluent chaleureusement, vous serrent la main et vous prennent par l'épaule comme s'ils vous attendaient depuis longtemps. Entendez les mots gentils qui circulent et sentez le plaisir d'être si bien accueilli.

Si vous rencontriez ces hommes d'affaires, quel bénéfice en retireriez-vous ? Vos affaires marcheraient-elles si bien que vous vous achèteriez une voiture de sport ? Ou une belle demeure à la campagne ? Si tel est le cas, terminez la visualisation en vous voyant au volant de cette voiture ou vous promenant dans le parc de votre résidence secondaire. Puis arrêtez votre visualisation, écoutez votre intuition et prenez les mesures nécessaires.

LES CLÉS DANS LA POCHE

Vous pouvez entrer en contact avec des gens importants d'une autre manière. Détendez-vous et visualisez-vous en train de rejoindre un groupe de gens, par exemple à une réunion d'affaires, à un dîner, au concert ou tout simplement au marché. Voyez les gens se tourner vers vous l'un après l'autre, vous saluer chaleureusement et vous remettre une grosse clé dorée. Regardez la clé, elle est en or et voyez comme elle brille dans votre main. Puis mettez-la dans votre poche. Vous pouvez rassembler autant de clés que vous le souhaitez, toutes plus ou moins identiques, ou bien vous préférerez peut-être une seule très grosse clé. Sentez votre grosse clé ou votre trousseau de clés dans la poche. En dernier lieu, visualisez ce que vous apportent vos clés. Est-ce un voyage ? Est-ce l'aménagement de votre maison ? Visualisez-vous dans le scénario que votre clé vous permettrait de vivre. Puis cessez votre visualisation et affirmez : « Je connais tellement de personnes-clés que rien ne peut m'arrêter. »

CHAPITRE SIX

DÉTRUISEZ CE DONT VOUS NE VOULEZ PLUS

Mes clients s'étonnent toujours lorsque je leur enseigne des techniques de visualisation créatrice qui visent à détruire. Mais une fois qu'ils ont compris comment elles fonctionnent, ils en retirent une immense satisfaction. Ce sont des techniques qui peuvent être utilisées avec efficacité pour les affaires, la vie personnelle ou la santé.

Vous devez d'abord comprendre que ces techniques ne présentent aucun danger. Elles ne vont pas se retourner contre vous parce que vous ne pouvez pas détruire la réalité. Par exemple, vous ne pouvez pas détruire un ciel bleu, qui est la réalité, et pourtant votre vie, comme le ciel, est parfois tellement nuageuse que vous n'en voyez plus le sens. C'est pourquoi des techniques qui agissent comme les éléments – le tonnerre, les éclairs, le vent et la pluie – peuvent vous aider à débarrasser votre ciel intérieur de tous ses nuages. Etant donné la puissance de ces techniques, il vous suffit de les utiliser deux ou trois fois pour obtenir un résultat.

Ces techniques sont également très bonnes pour la santé car elles vous permettent d'évacuer des émotions négatives – par exemple la colère, la frustration ou la rancune – quand vous êtes seul et à un moment choisi par vous. Ainsi, lorsque vous vous retrouvez face à votre famille, à vos amis ou à vos collègues de travail, vous êtes détendu et confiant.

Lorsque vous détruisez quelque chose, vous créez un vide qu'il est important de combler. Car si vous ne comblez pas avec quelque chose qui vous plaît ce vide laissé dans votre imagination, vous risquez de voir revenir l'ancien problème.

IMAGINEZ

– Fermez les yeux et imaginez votre problème le plus grave.
– Détruisez-le à votre façon.
– Remplacez-le par ce que vous voulez.
– Comment vous sentez-vous ?

Prenons l'exemple d'un collègue de bureau qui vous empoisonne la vic et dont vous avez l'impression qu'il vous veut du mal. Si, malgré tous vos efforts pour dissiper le malentendu, il continue à mal se comporter envers vous, vous allez peut-être être obligé de le détruire.

Souvenez-vous : vous ne pouvez pas détruire la réalité. Sous les apparences difficiles de cette personne, il existe probablement un être qui a envie de rendre service et d'être aimé. Vous ne pouvez pas détruire cette personne pas plus que vous ne pouvez détruire le ciel bleu. Mais vous pouvez détruire son attitude égocentrique et négative sans laquelle elle se sentirait mieux, comme tout le monde d'ailleurs.

Détendez-vous mentalement et physiquement et représentez-vous cette personne dans votre imagination. Peut-être aurez-vous envie de la voir comme un monstre à la Frankenstein pour donner du relief à votre visualisation. Maintenant détruisez-la comme il vous plaira. Vous pouvez lui mettre une bombe sur la tête ou la faire sauter à la dynamite. Entendez l'explosion, voyez-la, sentez-en le souffle et savourez la sensation. Puis affirmez : « Pierre est plus coopérant et de meilleure humeur que jamais. » Faites de votre mieux pour le traiter désormais comme si c'était vrai.

Grâce à cette technique, vous allez maîtriser la situation et vous sentir mieux. En détruisant votre adversaire dans votre imagination, vous allez sentir que vous faites quelque chose de positif pour sortir de cette situation difficile et, même si elle persiste, elle ne vous ennuiera plus.

Il va alors se produire l'une des trois choses suivantes : cette personne va devenir plus aimable et son attitude négative va disparaître ; ou bien elle va se montrer encore plus difficile puis s'en aller et prendre un autre poste ; ou bien encore cette personne et vous-même allez avoir une bonne explication qui vous permettra de travailler ensemble de façon positive. Quoi qu'il arrive, le résultat sera le même : cette personne et vous-même allez vous sentir bien mieux.

DÉCHIREZ VOS PAPIERS

Il existe une technique de destruction plus bénigne qui consiste à déchirer vos papiers, des relevés de banque aux factures impayées. Cette technique marche particulièrement bien pour les affaires mais vous permettra également d'améliorer tout autre domaine de votre vie. La destruction des papiers est une technique efficace à chaque fois que vous êtes confronté à des problèmes auxquels vous ne voyez pas de solution.

Disons par exemple que vous êtes au bord de la faillite mais que vous ne voulez pas liquider votre affaire. Peut-être avez-vous des problèmes jusqu'au cou, vous êtes obligé de licencier du personnel, vos ventes sont en chute libre, votre découvert bancaire est vertigineux et vous ne voyez aucune solution pour vous en sortir. Vous voulez redresser la situation mais vous avez le sentiment qu'il est trop tard.

Vous prendrez plaisir à déchirer vos papiers en imagination et cette technique va faire surgir des solutions. Imaginez que vous déchirez tous les papiers auxquels vous pouvez penser. Déchirez. Déchirez les relevés de compte à découvert. Déchirez des étiquettes imaginaires où sont écrits les mots faillite, découvert, chute des ventes, licenciements. Vous pouvez imaginer ces étiquettes comme celles qui sont accrochées à des articles en solde.

Si les papiers vous résistent, si vous avez du mal à les déchirer, imaginez que vous attaquez vos liasses de papiers avec des ciseaux énormes et coupez-les. Coupez-les en morceaux de plus en plus petits. Savourez la satisfaction que cela vous procure. Puis remplacez ce scénario par un autre : vous voyez désormais votre affaire reprendre, les ventes monter en flèche, les caisses se remplir. Affirmez : « Je suis à nouveau créditeur, j'ai retrouvé ma dignité et tout le monde me respecte. » Agissez maintenant comme si c'était vrai.

DÉBARRASSEZ-VOUS D'UN DRAME PERSONNEL

Les techniques de destruction peuvent s'appliquer à tout domaine de la vie, même dans le cas d'une tragédie personnelle. Peut-être avez-vous vécu quelque chose qui a « brisé » votre vie. Même si vous ne le montrez pas, intérieurement vous n'arrivez pas à guérir du traumatisme causé par cet événement. Le souvenir d'un divorce, d'une maladie, d'une faillite, d'un choc affectif de votre enfance vous colle à la peau et vous empêche de profiter pleinement de la vie. Il faut vous en débarrasser. Pour ce faire, il est nécessaire dans un premier temps d'identifier le problème puis dans un deuxième temps d'identifier les conséquences de ce problème.

EXEMPLE

– S'il n'y avait pas eu ...., ma vie aurait été complètement différente.
– S'il n'y avait pas eu ...., j'aurais pu réussir dans la vie.
– À cause de.........................., je ne peux pas faire, avoir, profiter de ....

Détendez-vous, fermez les yeux et évoquez le souvenir traumatisant. Peut-être y en a-t-il plusieurs. Détruisez ce souvenir. Vous pouvez le brûler, le faire sauter, le jeter dans les toilettes ou le mettre à la poubelle. Assurez-vous que vous prenez plaisir à faire cela. Une fois que vous vous êtes débarrassé du souvenir traumatisant, remplacez-le par quelque chose d'agréable et qui vous plaît.

Il existe une autre technique peut-être plus efficace encore. Les gens qui ont vécu une tragédie ont souvent l'impression d'en être prisonniers. Peut-être avez-vous le sentiment que quelqu'un vous a mis en prison, a fermé la porte à double tour puis a jeté la clé. Vous pouvez cependant sortir de cette prison. Imaginez-vous derrière les barreaux. Puis voyez quelqu'un qui s'approche et vous tend une grosse clé en or. Prenez-la, mettez-la dans la serrure, faites-la tourner et ouvrez la porte.

Voyez comme la porte s'ouvre facilement. Sortez et dirigez-vous vers le genre de vie que vous souhaitez. Ce sera peut-être une campagne verdoyante où des amis vous attendent ou bien les lumières d'une grande ville : vous êtes très élégamment habillé et vous sortez dîner dans un grand restaurant ; ce peut être aussi un refuge en montagne, tout près du ciel. Quelle que soit la vie qui vous plaise, vivez-la dans votre imagination. Pour vous porter chance, peut-être même aurez-vous envie de faire sauter votre prison après l'avoir quittée.

PRENDRE LE TRAIN QU'ON A RATÉ

Les occasions manquées sont des souvenirs douloureux qui vous donnent l'impression que vous ne méritez rien. Disons par exemple que votre mère est morte lorsque vous étiez jeune : vous avez dû quitter l'école pour aider votre père à élever vos frères et sœurs. Aujourd'hui, parce que vous n'avez pas fait les études que vous auriez souhaité, vous avez l'impression que vous ne seriez pas à votre place avec les gens que vous aimeriez fréquenter. Votre vie professionnelle ou personnelle est peut-être complètement différente de celle dont vous aviez rêvé. Et vous pensez de surcroît qu'il est trop tard pour changer, que vous avez raté le coche.

Vous pouvez transformer vos mauvais souvenirs. Vous ne pouvez pas changer le passé ni le fait que vous ayez eu à quitter l'école pour vous occuper de vos frères et sœurs mais vous pouvez transformer le sentiment que cela vous a laissé. Votre imagination peut vous aider à voir les choses autrement.

Détendez-vous physiquement et mentalement, fermez les yeux et voyez-vous courir sur le quai tandis que le train s'éloigne. Assurez-vous que le train que vous venez de rater est un vieil omnibus. Voyez un autre train qui arrive en gare mais cette fois-ci il s'agit d'un T.G.V.

Laissez-vous impressionner par l'allure puissante de ce train. Voyez les portes automatiques qui s'ouvrent, montez et installez-vous dans un luxueux compartiment de 1ère classe tandis que le train redémarre. Vous pouvez agrémenter le scénario par un repas agréable, un quart de champagne qui vous est offert, par des rencontres. Au cours de ce voyage, vous pouvez aussi faire la connaissance du ou de la partenaire que vous attendez depuis toujours.

Sortez de votre visualisation et affirmez : « J'ai beaucoup plus de chance dans la vie que j'aurais pu l'imaginer » ou quelque chose de similaire. Faites maintenant de votre mieux pour faire confiance à la vie et sentir que vous avez de la chance puis écoutez ce que votre intuition vous indique de faire.

GOMMEZ VOS SOUCIS

Nous avons vu dans le premier chapitre à quel point les soucis nous font du mal. Dans votre imagination, vous pouvez faire sauter vos soucis ou les brûler mais l'une des techniques les plus efficaces que je connaisse est celle qui consiste à les gommer.

Détendez-vous et fermez les yeux. Visualisez une grande feuille de papier à dessin. Le mot SOUCI est écrit dessus. Assurez-vous que le mot est écrit au crayon pour qu'on puisse le gommer facilement. Dans votre imagination, prenez maintenant une gomme puis effacez ce mot. Gommez toute trace du mot SOUCI. Puis écrivez un autre mot à la place, par exemple « SÉRÉNITÉ », « PAIX » ou « BONHEUR ». Utilisez cette fois-ci de l'encre indélébile pour vous assurer que le mot ne puisse pas être effacé. On peut également utiliser cette technique pour se débarrasser d'une douleur, qu'il s'agisse d'une douleur morale comme la solitude ou physique comme des maux de tête.

Lorsque vous aurez cessé votre visualisation pour reprendre vos activités habituelles, vous serez surpris de constater à quel point vous êtes plus détendu. Cette technique est rapide et facile et, pour obtenir un meilleur résultat, il est recommandé de la mettre en pratique trois fois de suite.

PASSEZ PAR-DESSUS VOS SOUCIS

Vous avez parfois de véritables raisons de vous faire du souci. Vous vous inquiétez pour l'un de vos proches qui est malade ou en danger. Il existe une excellente technique de visualisation pour gérer ce genre de soucis, qui consiste à passer par dessus le problème et à imaginer que tout est bien qui finit bien.

Ainsi, lorsque mon fils a passé un an à parcourir l'Afrique et qu'il a rencontré tous les problèmes imaginables, la guerre, la maladie, le vol ou parfois simplement un immense sentiment de solitude, c'est de cette manière que j'ai géré mes inquiétudes. Quand je commençais à me faire du souci, je m'asseyais au calme et visualisais mon fils qui arrivait à l'aéroport à son retour d'Afrique. Je le « voyais » pousser son chariot à bagages, rayonnant de plaisir. Je le serrais dans mes bras et nous nous mettions à parler sans arrêt comme les gens qui ne se sont pas vus depuis longtemps. En visualisant cette scène régulièrement à chaque fois que je sentais l'inquiétude monter en moi, j'ai réussi à ne pratiquement plus m'inquiéter pendant les douze mois de son absence.

CHAPITRE SEPT

CONSOLIDEZ VOS RÉUSSITES

La visualisation créatrice ne doit pas être vécue comme une tâche pénible. On doit toujours y prendre plaisir et vous pouvez inventer un nombre infini de techniques pour atteindre vos buts.

Il y a cependant certaines techniques que vous devez posséder, celles qui vous permettent de consolider vos réussites.

Ce sont des images de victoire qui sont rapides, puissantes et faciles à visualiser. Je les appelle les Techniques de la Boîte à Outils, les T.B.O. Elles font office de garantie : en les pratiquant, vous vous assurez que toutes les autres techniques de visualisation que vous utiliserez seront efficaces.

VOUS ÊTES IMBATTABLE

Les images qui symbolisent pour vous le succès absolu sont de bonnes T.B.O.. Si vous utilisez ces images à la fin d'une séance de visualisation, vous en ressortirez avec une double dose de confiance en vous-même. L'une de ces techniques prend pour cadre le tennis et consiste à servir un ace.

(Peu importe que vous n'ayez jamais joué au tennis, vous en avez certainement vu des images à la télévision et cela suffit.)

Donc, quand on sert un ace au tennis, on gagne du premier coup et on ne laisse aucune chance à son adversaire. Dans le cas qui nous occupe, c'est un schéma négatif de votre vie que vous réduisez ainsi à l'impuissance.

À la fin de votre séance de visualisation, imaginez que vous faites quelques services imparables. Vous pouvez en faire un ou quatre pour gagner la partie. Lancez la balle en l'air, sentez la puissance de votre bras, la sûreté et la précision de votre geste et faites votre service. Entendez le bruit de la balle qui s'écrase dans le camp de l'adversaire. Voyez-le courir pour essayer de la rattraper puis baisser les bras parce que c'est impossible : vous êtes imbattable.

Savourez votre satisfaction. Cette technique est très efficace avant les rendez-vous et les coups de téléphone importants.

TAPEZ DANS LE MILLE

Il existe une autre technique qui plaît à tout le monde, y compris aux enfants. Elle consiste à taper dans le mille. Vous connaissez les fêtes foraines où l'on peut jouer à toutes sortes de jeux. Peut-être vous êtes-vous déjà essayé au jeu de force. Vous frappez un bloc avec une masse et plus vous frappez fort, plus la balle monte haut. Si vous frappez suffisamment fort, la balle atteint une cible en hauteur qui déclenche une sonnerie et vous gagnez le gros lot. C'est ce que vous pouvez faire dans votre imagination si vous voulez sortir vainqueur d'une situation.

Détendez-vous, fermez les yeux et imaginez que vous êtes à une fête foraine. Entendez la musique des manèges et le bruit de la foule. Dirigez-vous vers le jeu de force, empoignez la masse et frappez aussi fort que possible. Entendez le « bouing ! » de la balle qui touche la cible au sommet. Peut-être aurez-vous envie de visualiser la balle qui dépasse la cible et casse tout le mécanisme tellement vous aurez tapé fort. Puis voyez-vous tandis qu'on vous remet le gros lot. Le gros lot, c'est ce dont vous avez très envie depuis longtemps. Voyez le sourire du patron du stand qui vous remet votre contrat, votre nouvelle maison, un corps mince ou le compte en banque de vos rêves. Vous êtes comblé, transporté de joie, parce que vous avez gagné ce dont vous rêviez depuis toujours.

Mettre une balle au but, taper dans le mille, remporter une course ou faire un trou en un au golf sont des

T.B.O. très efficaces qui vous permettent de consolider vos succès. Il y a même des gens qui aiment bien se visualiser comme le Concorde qui décolle et s'élève inexorablement dans le ciel.

Les TBO s'avèrent très utiles quand vous n'avez pas le temps de pratiquer vos techniques habituelles de visualisation. Pendant un jour ou deux, vous pouvez donc utiliser les T.B.O. pour maintenir votre optimisme à son maximum.

VISUALISEZ POUR LES AUTRES

Mes clients sont amusés lorsque je leur enseigne des « techniques de bonheur » pour les autres, particulièrement pour ceux qui leur empoisonnent l'existence. Mais une fois qu'ils ont vu comment ces techniques fonctionnaient, ils ne manquent jamais de les utiliser. Les techniques de bonheur confèrent un grand sentiment de légèreté et vous rendent indifférent à toute agressivité dirigée contre vous.

Par exemple, j'ai une amie qui avait une belle-mère jalouse. Elle a visualisé cette femme en train de danser comme Cendrillon, parée de ses beaux atours dans les bras du prince charmant. Jour après jour, elle a persisté dans cette visualisation de sa belle-mère radieuse. La première chose qu'elle a remarqué, c'est que sa belle-mère s'est mise à téléphoner moins souvent. Mon amie a continué ses séances de visualisation. Puis un jour sa belle-mère lui a dit qu'elle avait décidé d'aller rendre visite à des amis au Canada et c'est au cours de ce voyage qu'elle a rencontré un homme avec qui elle s'est remariée. Elle a maintenant refait sa vie, ils se voient de temps en temps et il ne reste plus rien des anciennes jalousies.

J'ai une autre amie qui a visualisé une danse quelque peu différente. Son beau-père était déprimé et elle l'a visualisé bondissant de joie en train de faire des claquettes. Jour après jour elle le visualisait, sautant sur le parquet, jouant des talons et des pointes, frappant dans ses mains au rythme de la musique. Ainsi, elle a fini par se montrer plus patiente avec son beau-père qui devint lui-même plus facile de caractère et manifesta davantage d'entrain.

Les techniques de bonheur vous portent chance parce qu'elles vous font changer d'attitude d'une manière très subtile.

En effet, lorsque vous visualisez pour les autres, vous vous ouvrez et devenez donc plus réceptif aux occasions qui se présentent.

ATTRAPEZ UNE ÉTOILE FILANTE

« Attrape une étoile filante, mets-la dans ta poche et ne la laisse jamais s'éteindre » dit une célèbre chanson américaine. Cette image peut vous être d'un grand secours dans vos séances de visualisation. Lorsque vous obtenez de bons résultats, ne les laissez pas « s'éteindre » sous prétexte que votre ego vous affirme que vos progrès ne sont qu'une vue de l'esprit.

À chaque fois que votre visualisation donne un résultat positif – qu'elle vous permet par exemple de rencontrer quelqu'un d'important ou d'obtenir une promotion – prenez une minute, visualisez que vous attrapez une étoile filante (la chance qui vous sourit) et que vous la mettez dans votre poche.

Cette étoile sera le point d'ancrage de votre réussite et vous rendra plus réceptif aux opportunités qui se présenteront par la suite. Visualisez vos poches ou votre sac bourrés d'étoiles filantes.

TENEZ UN JOURNAL

Le fait de noter vos réussites est une aide précieuse pour les consolider. Vous aurez tous les jours des signes que vos séances de visualisation font leur effet. Ce peut-être quelque chose d'important comme un emploi qui vous est proposé ou de moindre mais qui compte pour vous, par exemple que votre mari descende la poubelle sans que vous ayez eu à le lui demander. Si vous notez chaque jour les bienfaits de la visualisation, cela vous fera redoubler de confiance. Il y a des gens qui appellent cela leur « journal des bonnes choses », leur

« liste de miracles » ou tout simplement leur journal. Ils affirment que le fait de noter leurs succès les aide à voir que la visualisation marche.

CHAPITRE HUIT

ALLER DE L'AVANT

Il se passe des choses incroyables dès que vous commencez à visualiser. Même les plus cyniques en font l'expérience.

Dans un premier temps, vous allez constater que vous réussissez de façon plus régulière ce que vous entreprenez.

Cependant, la visualisation créatrice va vous apporter un bienfait peut-être encore plus important : elle va vous mettre en contact avec vous-même et plus particulièrement avec votre pouvoir créateur.

Très rapidement après vos premières séances de visualisation, vous allez réaliser que rien ne vous empêche d'obtenir ce que vous voulez. Vous êtes aux commandes de votre vie, vous ne la subissez plus et cela vous procure un sentiment agréable.

FAIRE LES CHOSES AU BON MOMENT

La visualisation créatrice vous apprend quelque chose d'extrêmement précieux en vous donnant une conscience aiguë du bon moment pour entreprendre les choses. Et ceci représente un atout majeur.

Oui, faire les choses au bon moment est capital pour réussir. En effet, si vous faites ce qu'il faut mais au mauvais moment, il y a toutes les chances pour que ce soit un échec. Si vous ratez le train, vous perdez du temps et de l'énergie à en attendre un autre. C'est la même chose avec les occasions qui se présentent. Si vous n'en profitez pas lorsqu'elles arrivent, vous devrez attendre qu'une autre opportunité se présente. La visualisation créatrice vous donnera les idées précises dont vous avez besoin et vous montrera avec exactitude quand et comment les concrétiser et saisir ainsi les occasions qui vous sont offertes sans passer à côté.

CESSEZ DE MAL RÉAGIR

S'il y a bien quelque chose qui vous met des bâtons dans les roues et vous fait perdre du temps, ce sont vos mauvaises réactions face aux personnes et aux événements. Lorsque vous réagissez, vous perdez le contrôle de la situation. Par exemple, si quelqu'un vous accuse de quelque chose, même si vous n'en êtes pas le responsable, vous perdez la maîtrise de vos pensées. Vous vous défendez mentalement, vous êtes en proie à la colère ou à l'indignation, vous décidez de vous venger ou bien vous êtes triste et abattu et vous vous demandez ce que vous avez bien pu faire pour mériter une telle injustice. Tout cela vous prend du temps et de l'énergie. Vous êtes décontenancé, vous avez perdu vos moyens. Vous pouvez perdre une journée, un mois, voire une année entière avant de vous remettre sur rails et reprendre le chemin de votre accomplissement personnel. Pour réussir, il faut que vous sachiez gérer intelligemment votre énergie. Avec la visualisation créatrice, vous allez devenir un expert en la matière.

L'une des techniques les plus bénéfiques de visualisation quotidienne consiste à détruire vos mauvaises réactions. Vous pouvez visualiser le mot RÉACTION écrit sur un morceau de papier et l'effacer, vous pouvez le brûler ou le jeter à la poubelle. En vous débarrassant de vos réactions, vous allez devenir beaucoup plus stable, équilibré et régulier dans la gestion créatrice de votre vie.

UTILISEZ VOS TEMPS MORTS

En plus de votre séance quotidienne de visualisation, vous pouvez visualiser pendant vos temps morts : que ce soit dans un embouteillage, la salle d'attente du dentiste ou dans le train, visualisez les yeux ouverts. Mettez pour ce faire des lunettes de soleil si cela vous permet de vous sentir plus à l'aise.

Il est bien d'utiliser dans ce cas des techniques comme le gommage des rides, la destruction des papiers, les techniques de bonheur ou toute autre T.B.O.. Vous pouvez aussi attraper le train que vous aviez raté. Servir quelques aces au tennis peut s'avérer d'une grande utilité avant un rendez-vous d'affaires. Chaque technique a l'avantage d'être teintée des autres techniques que vous utilisez. En pratiquant l'une, vous les pratiquez donc toutes.

VOTRE QUOTIDIEN POUR PARTENAIRE

Faites de votre vie quotidienne une technique de visualisation. Chaque jour, vous accomplissez un certain nombre de gestes automatiques. Utilisez-les comme supports de visualisation. Ainsi, lorsque vous allez vider les poubelles, imaginez que vous vous débarrassez en même temps de vos soucis et de vos mauvaises réactions. Lorsque vous passez l'aspirateur, pensez que vous éliminez toutes vos peurs. Lorsque vous appliquez votre crème de soins sur le visage, imaginez que vos rides s'effacent sous vos doigt. Et lorsque vous videz l'eau de la baignoire, laissez aussi s'évacuer par la bonde les poches sous les yeux, les bourrelets, le manque d'argent et la maladie.

Le fait de prendre conscience de vos gestes quotidiens et de leur donner un sens positif vous fera progresser à grands pas.

LE SUCCÈS À PLEINS POUMONS

Vous êtes animé nuit et jour par un mouvement la plupart du temps inconscient que vous pouvez aussi transformer en visualisation : votre respiration. Lorsque vous faites la queue dans un magasin ou que vous êtes dans une salle d'attente, visualisez ce que vous souhaitez obtenir écrit dans l'air devant vous.

Voyez par exemple les mots « mince », « riche » ou « bonheur » et inspirez-les pour qu'ils pénètrent en vous. Lorsque vous expirez, voyez l'image de « gros », « pauvre » ou « triste » quitter votre corps et se désintégrer dans l'air. Cette technique vous gonflera d'énergie et vous permettra de vous sentir détendu.

DES RÉSULTATS PROGRESSIFS

Les résultats arrivent par paliers. La première chose que vous allez remarquer quand vous aurez commencé à visualiser, c'est que vous allez avoir davantage de punch.

Vous allez également remarquer qu'il se produit d'heureuses coïncidences dans votre vie. Vous allez peut-être être invité plus souvent chez des amis ou bien au contraire retrouver un peu de calme si c'est ce dont vous avez besoin. Peut-être aussi aurez-vous envie de vous mettre au régime, de faire de l'exercice, de prendre l'air ou de vous inscrire à un cours du soir. Peut-être encore aurez-vous soudain une idée lumineuse sur la manière de gagner davantage d'argent.

Si vous voulez que vos séances de visualisation portent leurs fruits, il faut suivre ces changements subtils : ils annoncent des changements plus importants. Ne soyez pas déçu s'il ne se passe pas de « grandes choses ». Votre esprit et votre imagination fonctionnent désormais main dans la main pour vous fournir des solutions. Peut-être progresserez-vous à petits pas dans un premier temps. C'est parce que vous prenez doucement conscience des chances qui vous sont offertes. Et si vous saisissez les petites opportunités qui se présentent à vous, votre esprit vous offrira sans tarder l'occasion de faire un énorme pas en avant.

UNE ÉTAPE À PASSER

La pratique de la visualisation créatrice vous fait vivre dans deux univers à la fois. Cela demande du courage et un certain savoir-faire. Vous allez vivre dans un monde auquel vous rêvez délibérément et être en même temps confronté à une réalité bien concrète, qui réclame toute votre attention. Il va vous falloir trouver un équilibre entre l'observation, l'attente et le passage à l'acte pour obtenir ce que vous voulez.

Il y aura des moments où votre visualisation ressemblera tellement à la réalité, que vous en serez troublé. Vous penserez que c'est arrivé et que vous n'avez plus qu'à attendre tranquillement.

Ce sera le signe que vous aurez touché un niveau de conscience très profond, là où se produisent les changements. Mais ne cédez pas à la tentation de cesser de visualiser à moins d'être sûr que ce soit ce qu'il faut faire. Accordez-vous une pause d'un jour ou deux pour faire le point et remplacez certaines de vos techniques de visualisation par d'autres, plus appropriées à votre situation. Puis reprenez vos séances de visualisation en mobilisant tout votre bon sens pour tirer le meilleur parti de votre vie quotidienne.

LORSQUE LA VISUALISATION PERD DE SON EFFICACITÉ

Que faire si certains aspects de votre visualisation restent sans résultat ? Cela arrive parfois. Vous pouvez obtenir ce que vous voulez dans la plupart des domaines alors que vous restez bloqué en ce qui concerne l'argent, les relations ou votre carrière professionnelle.

Il faut alors travailler sur la notion de mérite personnel. C'est en effet la seule chose qui vous arrête : le sentiment que vous ne méritez pas d'obtenir ce que vous voulez, que vous devez attendre ou n'y arriver qu'après un dur combat. Le sentiment qu'on ne mérite pas d'être heureux barre la route aux progrès qu'on peut faire mais vous pouvez très bien vous en débarrasser.

Dans votre visualisation quotidienne, introduisez une technique de mérite, et pratiquez-la aussi naturellement que vous vous brossez les dents. Si vous faites cela très régulièrement, vous vous débarrasserez de n'importe quel blocage. Cette technique deviendra peut être votre outil de visualisation le plus précieux.

La technique que personnellement je préfère est celle qui consiste à visualiser la phrase « JE N'Y AI PAS DROIT » sur une feuille de papier. Puis, dans mon imagination, je prends une gomme, j'efface ces mots et je les remplace par « JE MÉRITE CE QU'IL Y A DE MIEUX. ET EN ABONDANCE. » J'écris ces mots à l'encre indélébile, en grosses lettres, et je répète cet exercice trois fois de suite, parfois plus.

Si vos séances de visualisation demeurent infructueuses, peut-être vous sera-t-il bénéfique d'en parler à un proche ou à un psychologue. Vous n'aurez probablement besoin que de quelques séances de psychothérapie si vous continuez parallèlement à visualiser.

LES PANNES SÈCHES

Il est possible également que vous traversiez une période de sécheresse où votre visualisation ne donne aucun résultat et où vous aurez envie de tout laisser tomber. Vous aurez alors le sentiment qu'il est ridicule de continuer à imaginer toutes ces situations de rêve, qu'il faut cesser, se montrer réaliste et agir.

Il ne faut surtout pas faire cela car il est essentiel de garder la tête dans les nuages et les pieds sur terre. En d'autres termes, il faut que vous continuiez à visualiser et à mener de front votre vie de tous les jours. Peut-être serez-vous obligé d'aller à l'encontre de ce que votre famille ou vos amis considèrent comme normal ou logique. Il vous faudra alors être discret sur ce que vous avez entrepris et tenir bon. Ne parlez pas de votre visualisation, gardez cela pour vous. Ce n'est qu'une fois que vous aurez obtenu ce que vous désirez que vous pourrez en parler autant que vous voudrez.

À vaincre sans péril on triomphe sans gloire. L'un de mes jeunes étudiants arborait un T-shirt où était inscrit ce célèbre alexandrin. Cela me fit une forte impression car je pensai aussitôt à la visualisation créatrice. Vous pouvez certes obtenir ce que vous désirez mais cela demande parfois du courage. Si vous persévérez, vous réaliserez ce que vous voulez. C'est seulement après, avec du recul, que vous comprendrez comment vous avez réuni les différents morceaux du puzzle et mis en place toutes les conditions pour réussir.

LA VIE EST DE VOTRE CÔTÉ

Le bonheur, c'est d'avoir ce qu'on veut et il n'est jamais trop tard pour commencer. Que vous ayez seize ou soixante-seize ans, vous pouvez vraiment réaliser vos rêves. Les autres vous diront peut-être que non. Mais en fait, si, vous le pouvez. Ils vous diront aussi que vous feriez mieux de ne pas prendre de risques. Mais le problème c'est que si vous ne prenez pas de risques, vous aurez sans doute l'impression d'être laissé pour compte et de voir les autres obtenir ce qu'ils veulent. Alors pourquoi pas vous ?

Vous pouvez vraiment obtenir ce que vous voulez et réaliser vos rêves. D'autres y sont parvenus, souvent en dépit des épreuves, souvent alors qu'on pensait qu'ils étaient « trop vieux pour ça ». Vous n'avez pas à supporter de dures épreuves ni à lutter âprement. Il vous faut en revanche avoir du courage. Mais le seul courage dont vous ayez besoin, c'est de croire en vous et de vous faire confiance.

CHAPITRE NEUF

VOTRE NOUVELLE IMAGE

Votre image est le reflet de l'opinion que vous avez de vous-même. Elle est aussi le reflet de ce que vous croyez que les autres pensent de vous. Mais souvenez-vous : ce que vous croyez que les autres pensent de vous, c'est vous qui le croyez. Le problème, c'est que ce que vous pensez être et ce que vous êtes vraiment sont deux choses bien différentes. C'est comme s'il y avait deux personnes en vous. L'une vous dit que vous êtes quelqu'un de bien et que vous méritez ce qu'il y a de mieux dans la vie. L'autre affirme que vous êtes minable et que vous n'avez qu'à vous contenter d'un deuxième choix. C'est à vous de choisir entre ces deux « personnes ».

En pratiquant la visualisation créatrice, vous pouvez prendre parti pour la personne en vous capable de réussir et d'obtenir ce qu'elle veut. Vous pouvez renverser la vapeur et faire tourner la chance. Le petit voyage imaginaire que nous nous apprêtons à faire vous aidera à y parvenir. Il va en effet vous permettre d'identifier votre image actuelle et de l'échanger contre une nouvelle image de vous-même, celle que vous désirez.

Tout au long de ce voyage imaginaire, lisez lentement. Car il s'agit d'une méditation. Laissez votre imagination produire autant de sons, de sensations que possible. Ne vous inquiétez pas si les images que vous voyez ne sont pas précises ; certaines personnes en effet ne perçoivent les choses qu'après, alors qu'elles vaquent à leurs occupations quotidiennes. Recommencez cette méditation aussi souvent que vous voulez afin de bien vous imprégner de votre nouvelle image.

Vous pouvez enregistrer cette méditation sur cassette. L'écoute de votre propre voix vous permettra de travailler en résonance avec les niveaux les plus profonds de votre conscience. Vous pouvez également vous procurer un enregistrement de cette méditation, spécialement conçu pour vous aider à vous transformer grâce à une combinaison de musique de relaxation et d'images puissamment évoquées. (Pour commander cette cassette, reportez-vous à la fin de l'ouvrage.)

VOTRE VOYAGE IMAGINAIRE

Détendez-vous physiquement et mentalement de la manière qui vous est la plus appropriée. Par exemple, installez-vous dans votre fauteuil préféré et regardez par la fenêtre ou bien mettez-vous à l'écoute de votre respiration ou encore servez-vous un verre et détendez-vous.

L'important est que vous vous mettiez dans une situation où vous vous sentez parfaitement bien.

Une fois que vous vous sentez calme et détendu, comptez lentement de dix à un en laissant vos yeux se fermer naturellement dès que vous en ressentez le besoin. À chaque fois que vous descendez d'un chiffre, vous atteignez un niveau encore plus profond de relaxation.

Vous marchez maintenant sur une route de campagne. Il fait un temps magnifique et vous portez un panier au bras. Une petite brise agréable vous caresse le visage, vous entendez les oiseaux chanter dans les arbres et le murmure d'une rivière qui coule non loin de là. Tandis que vous marchez sur cette route, vous remontez le temps jusqu'à l'époque où vous étiez un très jeune enfant. Vous allez vous remémorer toutes les expérience du passé qui ont contribué à fabriquer l'image que vous avez de vous-même aujourd'hui. Et tandis que vous marchez sur cette route, vous allez échanger votre vieille image contre celle que vous souhaitez acquérir.

Vous êtes sans doute surpris de voir avec quelle facilité tous ces souvenirs vous reviennent en mémoire. Lorsque survient un bon souvenir, qui vous évoque quelque chose d'agréable, prenez-le et mettez-le dans votre panier. Lorsque c'est un mauvais souvenir, triste ou douloureux, qui remonte à la surface, laissez-le à sa place, ne vous en encombrez pas. Vous n'en avez pas besoin, il n'est pas bénéfique à votre image et de toute façon il n'appartient pas à votre vraie personnalité.

En arrivant au bout de la route, vous allez rencontrer un pont sur lequel vous vous avancerez. Et sur ce pont, vous choisirez votre nouvelle image, une image positive et prometteuse. En rassemblant les bons souvenirs dans votre panier, peut-être avez-vous envie d'y mettre quelques images précieuses de votre vie : votre première bicyclette, un but brillamment marqué, le plus beau sourire qu'on vous ait offert ou la kermesse de l'école. Vous êtes émerveillé de voir que ces bons souvenirs trouvent tout naturellement leur place dans votre panier, qu'ils ne pèsent presque rien et sont faciles à porter.

Au fur et à mesure que vous y rassemblez vos souvenirs, vous voyez que votre panier se remplit. Vous êtes maintenant tout proche du pont qui enjambe la rivière. Vous entendez le murmure de l'eau, le bruissement du vent dans les arbres, le chant des oiseaux. Vous respirez à pleins poumons la douceur de l'air en cette journée merveilleuse. L'odeur de l'herbe, le soleil qui filtre à travers les branches, tout cela vous donne un sentiment puissant de fraîcheur et d'espoir pour l'avenir. Vous vous avancez maintenant sur le pont.

Tandis que, accoudé au parapet du pont, vous admirez la beauté du paysage, quelque chose attire votre attention : vous voyez un morceau de papier plié en quatre que vous n'aviez jusque là pas remarqué dans votre panier. Vous le prenez, le dépliez et voyez un mot écrit dessus. Ce mot définit l'image que vous aviez de vous-même jusqu'à présent. Quel est ce mot ? Signifie-t-il l'attente, les difficultés, le train manqué, l'embonpoint, le manque d'argent ? Lisez ce mot ou bien laissez le vent vous le chuchoter à l'oreille. Maintenant que vous avez laissé tous vos mauvais souvenirs derrière vous, prenez le morceau de papier, jetez-le dans la rivière et regardez-le qui disparaît au fil de l'eau. Vous savez alors que l'image que vous aviez de vous-même est partie pour de bon et n'existe plus. Vous êtes toujours sur le pont et vous choisissez votre nouvelle image. Réfléchissez. Laissez les rayons du soleil vous guider, écoutez ce que vous murmurent le vent et l'eau, ce que vous chantent les oiseaux. Écoutez. Écoutez bien. Comment est votre nouvelle image ? Est-ce l'image d'un être aimé, heureux, libre, couronné de succès, en bonne santé. Est-ce tout cela à la fois ? Écoutez le bruissement de votre nouvelle image tandis qu'un oiseau lâche en vol un morceau de papier qui vient se déposer dans votre panier. Prenez-le et lisez le mot qui y est écrit. Il définit votre nouvelle image. Rangez-le soigneusement dans votre panier au milieu de vos bons souvenirs. Puis, dès que vous vous sentez prêt, traversez le pont jusqu'à l'autre rive où votre nouvelle vie vous attend. Et souvenez-vous que vous pouvez revenir à cet endroit aussi souvent que vous souhaitez consolider la nouvelle image que vous venez de vous choisir.

CHAPITRE DIX

PRENEZ LA PAROLE

Affirmer quelque chose de positif vous aide à consolider les effets bénéfiques de la visualisation créatrice. Si vous répétez des affirmations positives qui sont pour vous synonymes de succès, vous éliminerez du même coup vos pensées négatives : il n'y aura plus de place pour elles dans votre esprit.

C'est comme si vous essayiez de dialoguer avec quelqu'un qui parle sans arrêt et ne vous laisse pas placer un mot. En désespoir de cause, vous finiriez par vous taire et l'écouter.

C'est donc ainsi qu'agissent vos affirmations positives sur vos pensées négatives : elles prennent la parole et monopolisent vos dialogues intérieurs. Au lieu de laisser votre ego vous persuader que vous êtes minable et que vous avez tout raté, les affirmations positives vous diront que vous vous en sortez très honorablement, elles vous encourageront à agir et à faire confiance à la vie, vous feront comprendre que vous méritez ce que la vie a de mieux à offrir.

L'affirmation positive est un excellent moyen de reprogrammer son esprit. Lorsque vous patientez dans une salle d'attente, que vous faites vos courses au supermarché ou que vous êtes au volant de votre voiture, profitez-en pour répéter vos affirmations positives, en silence ou à haute voix selon les circonstances : cela vous donnera un moral d'acier.

Vous pouvez utiliser un nombre infini d'affirmations positives. Vous allez en créer beaucoup vous-même qui vous viendront toutes seules à l'esprit. Il existe également des phrases que de nombreuses personnes trouvent très efficaces. Par exemple : « Je suis chaque jour plus heureux et en meilleure santé. De jour en jour, la chance me sourit davantage. » Ces affirmations vous soutiendront et vous aideront à réussir, quoi que vous ayez entrepris : mincir, faire progresser votre chiffre d'affaires, être plus heureux dans votre couple.

Ces affirmations positives sont inspirées de la célèbre méthode Coué : « De jour en jour, je vais de mieux en mieux à tous les points de vue et dans tous les domaines. » Vous pouvez donc utiliser l'une ou l'autre version, l'original ou son adaptation.

L'important, c'est d'utiliser la phrase qui vous convient le mieux. Utiliser une affirmation qui ne vous conviendrait pas reviendrait à manger quelque chose que vous digérez mal ou à porter des couleurs qui vous donnent mauvaise mine.

Il faut absolument que tout le processus des images mentales, des affirmations positives et des actions qui s'ensuivent vous plaise et corresponde à votre humeur du moment.

Voici d'autres suggestions d'affirmations positives :

LE BONHEUR

Plus je m'accorde ce qui me fait plaisir, plus je suis heureux.

Le bonheur (succès, richesse, santé, joie) est à ma portée.

Le bonheur est ce qui compte le plus pour moi. Je m'accorde désormais tout ce dont j'ai besoin pour être heureux.

Je suis de jour en jour de plus en plus heureux.

Je m'amuse dans la vie.

LA CHANCE

Ma bonne étoile me protège.

J'attire la chance.

Les choses tournent à mon avantage comme jamais je n'aurais pu l'imaginer.

J'ai désormais énormément de chance.

Tout ce que je fais me porte chance.

LA SANTÉ

Ma santé s'améliore de jour en jour.

Je choisis la vie.

C'est formidable d'être en bonne santé et en pleine forme.
Je retrouve la santé plus vite que je ne pouvais l'imaginer.
J'ai laissé loin derrière moi tous mes ennuis de santé.

LE SUCCÈS

Plus je fais ce qui me plaît, plus je réussis.
Je réussis toujours.
Je réussis tout ce que j'entreprends.
Rien ne peut m'arrêter.
Tout va dans mon sens.

L'IMAGE DE SOI

Je suis quelqu'un de bien et d'unique. Il n'y a personne comme moi au monde.
Je me suis débarrassé de la vieille image que j'avais de moi-même. Je vis maintenant en accord avec ma nouvelle image de bonheur, d'amour et d'amitié, de succès, de bonne santé, de richesse, etc.
Ma nouvelle image est positive, me rend heureux et me porte chance.
J'ai un corps superbe et un esprit brillant.
Je suis quelqu'un de bien. Rien ne peut m'arrêter.

LA BEAUTÉ

Je suis beau. Je suis fort.
Je suis belle. J'ai du charme.
Le vieillissement ne fait plus partie de ma vie.
J'ai un corps mince et ferme et je suis en pleine forme.
Mes rides s'atténuent de jour en jour.
Mon visage et mon corps sont chaque jour de plus en plus beaux.

LE MÉRITE

Je mérite ce que la vie a de mieux à offrir.
J'ai toujours raison de vouloir ce que je veux et j'y ai droit.
Tout ce que je veux, je peux l'obtenir.
Je ne refuse plus ce qui est bon pour moi.
Je vaux autant que mon meilleur ami
Je choisis la vie.

SOMMAIRE

Les Éditions

VIVEZ SOLEIL

Beaucoup de gens croient que la maladie survient par hasard et que la santé consiste surtout à vivre comme un ascète en se privant des plaisirs de la vie !

Au fil des livres et cassettes des Éditions Vivez Soleil une autre vision émerge. Oui, il est possible de sortir de l'ignorance, de la peur et de la maladie sans se priver ni se marginaliser. Oui, la santé, ça s'apprend !

Par une démarche personnelle d'information et d'expériences agréables et intéressantes, chacun peut sortir de la prison des habitudes et trouver l'équilibre du corps, du cœur, de la tête et de l'âme qui mène vers le bien-être, l'enthousiasme, la créativité et le bonheur.

À travers leurs collections Santé, Développement Personnel et l'Âge de lumière, les Éditions Vivez Soleil présentent les moyens les plus efficaces pour gérer sa vie et sa santé avec succès. Elles montrent la complémentarité de toutes les écoles de pensées et œuvrent pour une société plus harmonieuse, plus agréable à vivre, où la compétition est remplacée par la collaboration, le stress par l'humour et l'amour du pouvoir par le pouvoir de l'amour.

La cassette d'exercices,
complément de cet ouvrage
est disponible aux éditions
VIVEZ SOLEIL (Réf. K5070)

Chez le même éditeur...

NUMÉROLOGIE
ET MIEUX-ÊTRE
François Notter

L'auteur, « numérologue humaniste » renommé, nous offre l'éventail complet de ses travaux et recherches.

Dans ce livre, nous sommes invités à établir notre thème numérologique pour prendre conscience des fondements de notre personnalité et développer la richesse inépuisable de nos ressources intérieures.

Comment ? En établissant d'abord une fine « radioscopie de notre moi intime », de façon à progresser ensuite grâce à des interprétations détaillées et à un ensemble complet d'outils de synthèse.

Pour éclairer notre chemin de vie, mieux se connaître, mieux se rencontrer... et mieux s'aimer.

L'ATHLÈTE INTÉRIEUR
Dan Millmann

Il y a en chacun de nous un athlète naturel qui ne demande qu'à naître.

Ce livre vous montrera comment améliorer vos aptitudes, accélérer votre apprentissage et libérer votre potentiel en transformant l'entraînement en une voie de croissance personnelle et de découverte de soi.

Pour Dan Millman, il s'agit de développer l'équilibre nécessaire c'est-à-dire d'intégrer le physique, le mental et l'émotionnel. Ces trois éléments réunis sont le gage de la qualité de la performance.

Que vous soyez un sportif de niveau international, un sportif du dimanche ou un fanatique de la forme, les principes, techniques et exercices présentés dans ce livre vous offriront une approche moins stressante et plus sensée des mouvements qui associent l'entraînement à la vie quotidienne.

Dan Millman est un ancien champion du monde de trampoline. Gymnaste consacré, entraîneur et professeur à l'université, ses écrits ont inspiré des millions de lecteurs.

LE DICTIONNAIRE DES RÊVES
Betty Bethards

Que signifie rêver d'être poursuivi chaque nuit par un monstre ? Faut-il s'inquiéter si l'on rencontre la mort en rêve ? Ou ressentir de la gêne si on fait un rêve érotique ?

Vous rêvez chaque nuit, même si vous ne vous souvenez pas de vos rêves. Les rêves constituent un moyen formidable de se découvrir, car ils vous donnent la lucidité, la guidance et l'inspiration nécessaires à cette découverte.

Tous les rêves – y compris les cauchemars – recèlent des messages positifs. Il vous suffit d'apprendre à déchiffrer le symbolisme onirique pour comprendre ce que vos rêves essaient de vous transmettre.

Cette nouvelle édition augmentée comprend les interprétations de plus de 1.650 symboles oniriques, ainsi que des explications sur les rêves récurrents, sur les rêves violents, les rêves prémonitoires, les rêves de serpents, de chute, les rêves érotiques, d'argent, de mort, d'envol et d'autres encore. En outre, vous apprendrez à vous souvenir plus clairement de vos rêves et à découvrir les manières de les utiliser pour résoudre les problèmes de la vie réelle. Si vous ne prêtez pas attention à vos rêves, vous passerez à côté d'un tiers de votre vie !

Betty Bethards, célèbre médium et mystique, pratique également la guérison spirituelle et enseigne la méditation.

OUI À LA FEMME

Louise L. Hay

Ce livre s'adresse aux femmes.

À l'approche du troisième millénaire, beaucoup de gens parlent des changements qui vont se produire sur terre.

Louise Hay, dans un livre très inspiré et très intuitif, nous révèle que les changements primordiaux que nous verrons lors de ces décennies à venir concerneront les mentalités : ce seront des changements intérieurs.

Elle appelle notre attention sur le fait que lorsque nous, les femmes, nous voudrons bien modifier nos conceptions personnelles, nous pourrons connaître une vie bien plus vaste et plus enrichissante.

Le but de Louise Hay est que les femmes, toutes les femmes, sachent s'aimer et se respecter, soient conscientes de leur valeur et occupent une place importante dans la société. Dans le style direct et chaleureux qui est le sien (elle est l'auteur de nombreux best-sellers), elle nous montre avec une grande finesse et une connaissance approfondie de la psychologie féminine comment chaque femme, quels que soient son âge ou sa condition sociale, peut atteindre cet objectif et faire de l'avenir des années plus satisfaisantes, plus riches, plus fécondes que ce qu'il n'est à ce jour.

ENTREZ DANS LA MAGIE
UN PIED
DANS CHAQUE MONDE
Gill Edwards

Un pied dans chaque monde, signifie marcher avec le pied droit fermement ancré dans la réalité concrète du quotidien, pendant que le pied gauche sillonne le monde enchanté par-delà l'espace-temps du chaman, du mystique, du métaphysicien et du visionnaire. En fondant ces deux mondes en un seul, nous commençons à nous guérir des divisions immémoriales séparant la matière et l'esprit, la terre et le ciel, le masculin et le féminin. Quand l'Esprit nous accompagne dans la vie quotidienne – quand nous marchons en posant un pied dans les deux mondes – nous avons non seulement le pouvoir de changer notre vie, mais aussi celui de guérir notre planète.

Si les concepts présentés sont nouveaux pour vous, la plus grande partie de ce livre se lira comme de la science-fiction. En effet, il remet en question si radicalement la validité des hypothèses basées sur notre « bon sens », qu'il pourrait vous paraître absolument fou !

Mais pourquoi ne pas essayer quelques-uns des exercices pour voir si vous menez une vie plus joyeuse, plus aimante, plus créative, plus intéressante, plus épanouie lorsque vous entrez dans la magie. Découvrez si cela marche pour vous.

Entrez dans la magie aborde le quotidien d'une façon éminemment pratique. L'ouvrage propose tout un ensemble de techniques applicables à toutes sortes de situations et basées sur la connaissance de la façon dont nous créons notre réalité.

C'est un livre conçu pour être pratiqué et pas simplement pour être lu. Afin de changer votre vie, il faut l'*appliquer*, l'*expérimenter*, le *vivre*.

Ce livre est bien plus qu'un ensemble d'idées curieuses accompagnées d'exercices destinés à meubler le vide d'un ou deux dimanches. C'est une façon de vivre – chaque jour, tous les jours. Ce choix peut transformer votre quotidien. C'est le choix de grandir dans l'amour et dans la joie plutôt que dans la peur et dans la lutte.

C'est le choix de créer un paradis sur terre, au niveau personnel et global. C'est le choix d'actualiser notre potentiel illimité.

Puissiez vous réaliser tous vos rêves et marcher en vous rappelant qui vous êtes.

GUIDE PRATIQUE DE L'INTUITION

Introduction de Demi Moore
Laura Day

Intuition. Pressentiment. Sixième sens. Quelle que soit la manière dont vous l'appelez, vous vous en servez chaque jour. Quelle que soit la décision à prendre – quelle sorte de tapis acheter pour le salon, quels vêtements mettre pour une réunion importante, quel accord financier à monter pour le travail – la décision finale provient en partie du côté intuitif de notre esprit.

Laura Day a enseigné à des managers, des analystes financiers, des stars et des docteurs comment se servir consciemment de notre sixième sens caché.

Au contraire de beaucoup de spécialistes qui vous disent que vous devez être né avec un sixième sens, Laura Day nous prouve que toute personne, avec un peu de pratique, peut devenir consciemment intuitive et user de son sixième sens.

Dans son guide pratique de l'intuition, elle nous montre comment ses étudiants ont appliqué ses techniques pour découvrir les incroyables pouvoirs de leurs esprits. Désormais, ils se servent de ces techniques pour s'aider à prendre les décisions nécessaires dans la vie quotidienne et vous pourrez bientôt en faire autant.

Avec Laura comme professeur, apprenez :
– À suivre vos pressentiments et contrôler vos passions ;
– À prendre de meilleures décisions ;
– À deviner les autres et mieux les comprendre ;
– À prédire les bonnes stratégies ;
– À être mieux informé sur votre santé ;
– À savoir choisir l'âme sœur ;
– À comprendre ce que vous souhaitez réellement...

L'ALCHIMIE DE LA PRIÈRE

Terry Lynn Taylor

Nous prions chaque jour d'une façon ou d'une autre. Nous réclamons de Dieu ce dont nous avons besoin dans nos vies, le remercions pour les bienfaits octroyés et souvent prions pour les autres. Quand nous sommes au diapason avec Dieu, nous trouvons un sens et un but à l'existence, qui illuminent jusqu'au plus infime choix d'actions à faire et nous permettent de répondre à nos défis de façon créative. Nous sommes dès lors sur un chemin de croissance spirituelle.

Dans *L'alchimie de la prière*, Terry Lynn Taylor offre une vision originale et rafraîchissante de maints aspects de la prière. Elle nous aide à :
– faire de la prière la base de notre vie quotidienne,
– découvrir notre propre manière de prier,
– maintenir une relation personnelle avec Dieu,
– devenir conscient de l'importance de la gratitude,

– créer la sérénité au milieu du rythme effréné de la vie moderne,

– pratiquer la bienveillance.

Terry Lynn Taylor est un auteur de réputation mondiale (*Les messagers de lumière* notamment) qui étudie les lois spirituelles et plus particulièrement l'angéologie. L'alchimie de la prière reflète en substance sa compréhension de ce que les anges veulent nous faire connaître à propos de la prière et de ses pouvoirs de transformation.

LE BONHEUR AUSSI... ÇA S'APPREND

Annie Tricoire

Apprenez à être heureux !

Qu'est-ce que le Bonheur ?

Comment peut-on le définir ? La réponse sera certainement bien différente pour chacun.

Si nous prenons la définition du bonheur dans le Dictionnaire encyclopédique de la langue française nous lisons : « Événement heureux, hasard favorable, chance ». Donc, le bonheur serait extérieur à nous, comme un « hasard » ? Et bien, je ne suis pas d'accord. Car pour moi : *Le bonheur ça s'apprend.*

Le bonheur doit être, avant tout, un objectif et une habitude de vie. Nous aspirons tous (ou presque) au bonheur. Nous voulons être heureux mais nous ne savons pas comment faire. Le bonheur nous paraît être un état tellement imprécis que nous nous demandons si nous pouvons le connaître.

Il paraît donc important de préciser ce qu'est le bonheur. Si on ne sait pas ce que c'est ou ce qu'il doit représenter pour nous, alors comment y arriver ?

Le bonheur est un état d'être qui s'apprend. Voilà la raison de ce livre.

Car il n'existe pas d'école du bonheur et c'est bien dommage. En effet, on nous a appris bien des choses ... mais pas à vivre et encore moins à être heureux !

Nous sommes donc contraints de nous débrouiller seuls, avec nos tâtonnements, nos expériences heureuses ou malheureuses pour apprendre la vie.

Ce livre est là pour vous aider ! Il est constitué de cours, comme à l'école, mais une école particulière, puisqu'il s'agit d'une école du bonheur !

Au fil des pages vous pourrez mettre à jour votre passé, apprendre à vivre votre présent, à bien préparer votre avenir et enfin **trouver votre bonheur.**

Mais ne vous y trompez pas, il n'y a pas de recette miracle ! Il vous sera nécessaire de faire les exercices, de les assimiler, pour arriver à changer certains de vos comportements.

Ce livre vous donne **les outils nécessaires** pour générer, en vous, une dynamique de changement qui vous conduira sur le chemin du bonheur.

COMMENT S'AIMER SOI-MÊME

Jean-Francis Crolard

Dès l'enfance, on nous a inculqué tout ce qui nous manque pour être parfait. Résultat : AU LIEU DE NOUS

AIMER POUR CE QUE NOUS SOMMES, NOUS NE NOUS AIMONS PAS A CAUSE DE CE QUE NOUS NE SOMMES PAS !

Et si par bonheur, nous nous aimons bien, c'est très mal vu : « Narcissisme » nous dira-t-on. La religion chrétienne nous dit bien : « Aime ton prochain comme toi-même », mais elle nous culpabilise dès la naissance, ce qui ne facilite pas les choses !

Alors, comment aimer les autres si « je » ne m'aime pas ? Si « je » ne m'estime pas, comment estimer quelqu'un qui m'estime ?

Pour en sortir, ce livre nous propose un itinéraire : Se Connaître - S'Accepter - S'Aimer.

Comment ?

Prendre conscience des quatre dimensions de notre personnalité : mentale - émotionnelle - sexuelle et corporelle.

Cesser de porter inconsciemment sur nos épaules nos quatorze ascendants : deux parents, quatre parents et huit arrière grands-parents.

Se libérer des souffrances de notre passé qui pèsent sur notre présent.

Nous réconcilier avec notre corps, dans lequel notre inconscient s'est projeté et réaliser que presque toutes les maladies ont pour cause profonde la somatisation d'un manque d'amour.

Connaître et aimer ce qu'il y a de positif en nous. Accepter ce qui est négatif et le transmuter en positif.

RÉALISEZ VOS RÊVES PAR LA PENSÉE POSITIVE
Pour retrouver sa joie de vivre et sa souveraineté

Johanne Razanamahay,
Docteur Christian Tal Schaller

Oui il est possible de vivre hors de la peur, de la déprime, du conformisme et de la maladie !

Dans ce livre plein d'optimisme, les auteurs vous donnent les clés d'une gestion positive de vos pensées. Vous y découvrirez comment remplacer facilement les croyances négatives qui rendent la vie infernale par des images et des pensées créatives, dynamiques, chargées d'enthousiasme et de puissance. Ces formes-pensées positives vont attirer dans votre vie santé, succès et épanouissement de tout votre être.

Les techniques proposées dans ce livre ont été expérimentées par des milliers de personnes qui ont compris comment sortir de la dépendance et du malheur pour créer les conditions de leur propre bonheur.

Ne croyez pas que « c'est trop beau pour être vrai ». Osez apprendre à créer des pensées et des rêves positifs... et vous entrerez dans votre propre légende avec un plaisir d'enfant émerveillé !

LA CHIROLOGIE FACILE
Nassim Saeed Ahmad

La chirologie, ou chiromancie, est un procédé d'analyse de caractère par l'étude des signes de la main.

De cette manière, nous pouvons découvrir nos talents et notre potentiel.

Mais la chirologie comporte également une composante visionnaire.

Nous pouvons dire que la chirologie est « l'alphabet » de la main et que la main est le miroir de notre personnalité.

Cet art ancien qui a quasiment disparu de l'Europe est resté très utilisé en Chine et en Inde. L'auteur, dans un langage simple, de manière progressive et grâce à de nombreuses illustrations, nous explique les principes de cet art.

MANUEL DES ÉMOTIONS
Se libérer de la violence et de la répression

Maître Johanne Razanamahay et Christian Tal Schaller

Notre société est confrontée à de nombreuses formes de violence (guerres, terrorisme, délinquance, conflits sociaux et familiaux, suicides, etc.). De plus, la maladie est souvent la conséquence d'une violence que nous n'exprimons pas mais qui se retourne contre nous. Notre ignorance de nos sous-personnalités inconscientes et des principes simples de la gestion positive des émotions est à l'origine de ces fléaux. Ce livre apporte les moyens de nous guérir individuellement et collectivement.

Il est le fruit de l'expérience unique d'un couple d'enseignants exceptionnels qui ont montré à des milliers de gens comment vivre dans la conscience, la santé et un bonheur de chaque instant.

LES DIX SECRETS DU BONHEUR

Adam J. Jackson

Ce bonheur n'est pas déterminé par les circonstances de la vie, car vous seul pouvez le créer. Chacun de nous peut non seulement connaître le bonheur, mais encore le bonheur infini. C'est là le message lumineux de ce remarquable livre.

Cette parabole moderne sur la sagesse et le bonheur nous apprend à trouver et créer le bonheur tant recherché ; il nous dit que nous possédons déjà les outils nécessaires mais que nous ne savons pas les utiliser.

Apprenez à diriger les pouvoirs de votre esprit, de votre cœur et de votre corps, pour trouver le bonheur auquel vous aspirez.

LES DIX SECRETS DE LA PROSPÉRITÉ

Adam J. Jackson

La chance n'a rien à voir avec le fait de devenir riche.

Vous seul avez le pouvoir de créer votre richesse.

Dans les 10 secrets de la prospérité, vous découvrirez les qualités essentielles que toutes les personnes riches ont en commun et comment vous pouvez apprendre à développer ces qualités et ainsi créer la prospérité que vous souhaitez.

LES DIX SECRETS DE LA SANTÉ
Adam J. Jackson

Votre santé ne relève pas du destin ou de la chance, car c'est vous qui la créez ou la détruisez.

Vous avez le pouvoir de venir à bout de toutes les maladies et de jouir d'une santé florissante. Tel est le puissant message de ce remarquable livre.

Il existe des lois universelles qui régissent tous les phénomènes naturels et toutes les manifestations de la vie, des lois dont font partie les secrets de la santé.

Ces principes venus de la nuit des temps et révélés pour la première fois par des sages et des prophètes, sont respectés et suivis encore aujourd'hui par des médecins et des thérapeutes partout dans le monde.

Comme, ici, l'histoire d'un jeune homme atteint d'une maladie incurable qui, guidé par un vieux chinois mystérieux, entame un remarquable parcours pour découvrir ces secrets.

Cette parabole moderne sur la sagesse et la santé – unique, enrichissante et inspirée – délivre un message capable de transformer votre quotidien. Il vous servira de guide tout au long de votre vie.

LES DIX SECRETS DE L'AMOUR

Adam J. Jackson

Nous désirons tous ardemment connaître l'amour et des relations de tendresse, peut-être plus que tout autre chose. Comment se fait-il, dès lors, que tant de gens traversent leur vie dans la solitude, en cherchant l'amour mais en ne le rencontrant que rarement ? Si l'amour est vraiment ce que nous désirons le plus, comment se fait-il que les divorces et les foyers brisés atteignent des chiffres records ?

L'amour n'est pas le fruit du destin ou de la chance. Nous avons tous le pouvoir de le créer, d'aimer et d'être aimés.

Nous avons tous la capacité de créer des relations enrichissantes et tendres. Peu importe notre situation présente – célibataire, ou prisonnier d'une relation stérile et malheureuse – la vie peut changer et nous avons le pouvoir de changer notre vie.

Écrit comme une parabole pleine d'humour et de simplicité, ce livre va vous aider à trouver immédiatement l'amour dont vous rêvez.

LES NOMBRES
Cours de perfectionnement

Philippe de Louvigny

Vous vous intéressez à la science des nombres, vous connaissez déjà les aspects essentiels d'un thème numérologique.

Les connaissances de base, succinctement rappelées ici, n'opèrent cependant pas dans tous les coins et recoins nécessaires pour une étude approfondie. Les analyses deviennent plus fines au fur et à mesure que l'on fouille ce domaine. Les données se multiplient, les aspects se diversifient. Personnalité et devenir éclatent en des dizaines de facettes et il faut reconstituer le diamant individuel de manière cohérente.

Cet ouvrage vous propose d'aller plus loin dans les notions et la pratique des nombres et vous donne la totalité des matériaux actuels employés dans ce vaste domaine, si simple en apparence, si complexe et riche en réalité.

Philippe de Louvigny s'adresse ici à des amateurs avertis, développe des aspects plus pointus et donne des outils. Vous aurez alors en votre possession tous les éléments nécessaires pour accomplir une recherche sérieuse.

À vous d'expérimenter, de vérifier et de sélectionner selon votre propre sensibilité et vos résultats.

GUIDE PRATIQUE DE L'INTUITION DANS LES AFFAIRES

Laura Day

Intuition. Pressentiment. Sixième sens. Quelle que soit la manière dont vous l'appelez, vous vous en servez chaque jour. Quelle que soit la décision à prendre, la décision finale provient en partie du côté intuitif de notre esprit.

Laura Day a enseigné à des managers, des analystes financiers, des stars et des docteurs comment se servir inconsciemment de notre sixième sens caché.

Au contraire de beaucoup de spécialistes qui vous disent que vous devez être né avec un sixième sens, Laura Day nous prouve que toute personne, avec un peu de pratique, peut devenir consciemment intuitive et user de son sixième sens.

Après le succès de son premier livre, Laura Day aborde cette fois-ci la santé financière et les relations professionnelles.

Photocomposition et mise en page
P.A.G. Toulouse
Achevé d'imprimer
sur les presses de l'Imprimerie Darantiere
à Dijon-Quetigny en août 2000

Dépôt légal : août 2000
N° d'impression : 20-0916